知的生きかた文庫

もっと「話が面白い人」になれる雑学の本

竹内 均 編

三笠書房

はじめに　知れば知るほど「人に話したくなる」本！

身近なところにも、**面白い話の種**はいくらでもあります。たとえば……、「お腹が減っていないのに、なぜお腹が鳴るの？」「電波はなぜ地球の裏側に届く？」「トカゲの尻尾は、なぜ切れても血が出ない？」「波の高さは、どうやって測るの？」

本書ではこのような、改めて聞かれると、はっきりとは説明できない素朴な疑問を集めに集めました。面白く、かつ人に話したくなるネタばかりです。

読むほどに、もっともっと知りたくなる。また、知的好奇心のおもむくままに思索していると、**突然面白い考えを思いついたり**もするでしょう。

身の回りには、常識のように考えていた事柄でも、意外と誤解していることが多いもの。日頃、〝わかりきったこと〟と思っていることに疑問を持ったり、一応説明がなされているものをあえて疑ってみたり……これが**生活を楽しく、会話を楽しくするコツ**でもあるのです。いずれにしても、本書は「知識と知恵の宝庫」です。是非、楽しみながら有効に活用してください。

竹内 均

目次

1章 渡り鳥は、どうやって飛ぶ方向を決めている？……おもしろ「動物」雑学

2章 地球の空気は、どうして宇宙に漏れないの？……オドロキの「自然・地球」雑学

3章 内出血した血は、どこへ消えてしまうの？

……フシギな「体」雑学

4章 乾電池は、なぜ使わなくても減るの？……ナットクの「科学」雑学

5章 ワインのビンの底は、どうして凹んでいる？

おいしい「食べもの」雑学

6章

薬を飲む「食後」って、食後何分のこと？

身近で意外な「話材」雑学

◎編集プロデュース　波乗社
◎本文イラスト　山口マサル

1章

渡り鳥は、どうやって飛ぶ方向を決めている?

おもしろ「動物」雑学

深海魚はなぜ水圧でつぶれないの？

海を2層に大別すると、水深200メートルまでが浅海、それ以上深いところが深海になります。

さらに深海は、3000メートルまでの漸《ぜん》深海帯、6000メートルまでの深海帯、それ以上深い超深海帯に分けられます。

この3つの層に棲んでいる魚を深海魚とか深海の生物と呼ぶのですが、変なのがいるわいるわ……。

おなじみのチョウチンアンコウをはじめ、頭が〝じょうご〟のような形になったペリカンウナギ、体の3倍以上もの尾が房《ふさ》のように下がったホッスガイ、眼が望遠鏡のように筒状になって前方に突き出たボウエンギョなどなど。

そろいもそろって個性的な体つきは、水圧のせいでおかしくなったものなのだろうか、と勘ぐりたくもなりますが、さにあらずでした。

海水の水圧と、深海の生物の体液や血液とは、きちんと釣り合うようにできているのです。

水圧は10メートルごとに1気圧増すので、たとえば水深３０００メートルのところでは３０１気圧にもなります。でも、**もとからそこに棲んでいる生物にとっては、この水圧こそが最も自然な状態**なわけです。

また、イソギンチャクやナマコ、2枚貝などは浅海にも深海にも棲んでいますが、こういった下等動物の場合には浮き袋がないため、どこへ行っても水圧の影響をさほど受けずにすむようです。

問題なのは浮き袋のある魚で、急に引き上げられたりすると浮き袋内の気圧調節がうまくいかず、パンクしてしまうこともあるとか。

もっともこのような事故は、垂直移動の習慣のない魚を人間の都合で無理に引き上げてしまうから起こるのです。**ふだんから垂直移動に慣れている魚なら、浮き袋内に油が入っているなどして、水圧対策は万全**です。

ミミズは雌雄同体って知っていた？

庭の落ち葉をよければ、ミミズはすぐに見つかります。昔は子どもはせっせと集め、フナ釣りやナマズ釣りのエサにしたものですが、今の子どもはキャッキャ騒いでおしまい。川にフナやナマズがいなくなってしまったのですから、しかたありません。

このミミズが実は土を耕してくれる貴重な存在であることは、あまり知られていません。枯葉や枯草を体の中をくぐらせて、ふんわりとした土にしてくれるのです。**昔の遺跡が土の中に埋まってしまうのは、人為的なものを除けば、ミミズが土をかけていくためだ**ともいわれています。それほどせっせと土を耕しているわけです。

さて、このミミズ、面白いことに雌雄同体なのです。つまり1匹がオスであり、同時にメスでもある。それなら1匹だけでどんどん繁殖していけるのかというと、自然界はうまくできていて、そうは問屋が卸しません。成長したミミズには頭部に鉢巻きのようなものができますが、ここにオスとメスの生殖器官、排泄器官などがあります。

そして、**2匹が並んで相互に受精し、2匹とも卵を産む**というわけです。

そういえば、魚は唾液を出すの？

「商売は牛のよだれのように」ということわざがあります。牛のよだれのように粘り強く、とぎれることなく、忍耐強く続けなければ商売の成功は望めない、という意味ですが、実際、**干し草を食べているときの牛は、1日200リットル近くも分泌する**のですから、まさに唾液の海の中に干し草をつけて消化しているようなものです。人間が1日に分泌する唾液の量は1リットルというのですから、その量の多さがわかるでしょう。

常識で考えてわかることですが、乾燥したものを食べるとき、あるいは乾燥したエサを食べる動物は、たくさんの唾液を分泌します。逆に湿ったものを食べるときや、湿ったエサしか食べない動物は、それだけ唾液の分泌も少ないのです。同じ牛でも、生の草を食べているときは、唾液の分泌量はぐっと減って50リットルくらいです。

したがって、見出しの質問に対する答えは「出さない」ということになります。魚はエラ呼吸のため口の中をいつも水が通っていますから、唾液を出しても意味がありませんね。

1匹で30人を殺せるフグの毒！

あるフグ料理屋のおかみさんに聞いた話。

店に出始めてしばらくして緊張がほぐれてきた頃、ついそこにあるフグを口に入れたところ、毒が残ったままだった。しばらくすると、力が抜け腰が立たない。意識ははっきりしているがどうにもならず、あれほど怖いことはなかった。だから、うちの店のフグは二度とそんなことがないよう、ちゃんと調理してありますよ――と話のオチがつくわけですが、フグの毒はあたると本当に怖いのです。

江戸時代には毒の原理がよくわかっていなかったので、しばしばあたったようです。**フグ鍋のことを「あたると死ぬ」という意味で鉄砲鍋と言っていた**そうです。今でもフグ屋の暖簾《のれん》に「鉄砲」と大きく書いてあるのを見かけます。

フグの毒は体内で製造されるという説と、エサが原因とする説がありますが、研究によると後者のほうが有力になっています。どちらにせよ、その毒性（テトロドトキシン）は強力、わずか0・5ミリグラムで人間30人を殺してしまう力があります。それでも人気があるのはおいしいからですが、毒を除く技術と調理師の管理システムが確立されたせいでしょう。ただし、素人料理は厳禁です。

奴隷をこき使う「残酷なアリの物語」

イソップ物語の『アリとキリギリス』の話で、アリは、遊び暮らすキリギリスを横目に暑い夏の日射しの中でせっせと働きます。

ところが、アリの中にもいろいろな種類がいて、日本にはいないハルパゴクセヌスカナデンシスという長ったらしい名前のアリは、レプトトラクスムスコルムというこれまた長ったらしい名前のアリにケンカをふっかけて制圧し、奴隷にしてこき使うというとんでもないヤツだということです。

どうやって奴隷にするかというと、奴隷にするほうのアリが奴隷にされるほうのアリの巣を見つけると、1匹がケンカを売り、騒ぎを起こします。すると双方仲間が駆けつけてやがて大戦争になるわけですが、奴隷にするアリのほうがかなりケンカのやり方がうまい。このため戦争が終わる頃には、奴隷にされるほうのアリは殺されたり巣から追い出されてしまうわけです。そうやって占領した巣から卵と幼虫を運ぶ。これらはやがて成長して一人前のアリになりますが、残念ながら、**何も知らない彼らは、生まれながらにして奴隷の身分に置かれている**わけです。

そして、奴隷アリたちは暑い夏の間、自分たちを奴隷にしたアリのためにせっせと食べものを集め、子どもの面倒を見、死ぬまで働き続けるのです。

イヌの嗅覚は人間の100万倍も鋭い！

空港で麻薬の探知をイヌにお願いしていると聞いて、大丈夫かなと思ったことがありますが、**イヌの嗅覚が人間の１００万倍も鋭い**と聞いて、なるほどなと思い直しました。

人間は目、鼻、耳、皮膚、舌と五官を持っていますが、外界からの情報は大部分を視覚に頼っているといっていいと思います。同時に、イヌも五官を持っていますが、その中心は嗅覚なのです。イヌの視覚はほとんど灰色一色といわれ、人間のようにカラフルな世界を見ているわけではありません。

においは鼻の奥にある嗅上皮《きゅうじょうひ》というところでまずキャッチされますが、この部分をイヌと人間で比べてみると、広さで犬は人間の50倍、感覚細胞の数は人間の５００万個に対し、イヌは２億２０００万個ですから、その性能の差は歴然としています。

警察犬が犯人のちょっとした持ち物を手がかりに、そのあとを追跡する場面が映画やテレビでありますが、あれは誇張でもなんでもありません。人間は１リットルの空気中に４００億分の１のアンモニアがあれば嗅《か》ぎ分けますが、イヌは４００億分の１の、さらに１００万分の１という、ほとんどあるかないかわからない程度でもキャッチしてしまいます。

ミツバチの巣の一つひとつの穴はなぜ六角形？

常識的に考えると、丸い穴（巣）がいちばんつくりやすいように思えます。実際、ヘビの巣穴も、カエルの冬眠用の穴も、アリの巣も、たいていの動物の巣穴は丸い穴です。

それなのに、なぜミツバチの巣の一つひとつが六角形かというと、**この形が狭い空間でびっしりつくるには、いちばん合理的**だからです。丸い穴だと穴と穴の間に隙間ができますが、六角形だと密着して無駄がありません。六角形はミツバチだけではなく、アシナガバチ、スズメバチもそうですから、チャンスがあったら観察してみるといいでしょう。ただ、スズメバチに刺されると七転八倒の苦しみ、下手をするとショック死することもありますから、下手に近づくのは危険です。

ただ不思議なのは、**女王バチがいない状態でミツバチに巣をつくらせると、丸い巣穴になってしまう**のです。おそらく、女王バチが六角形のための情報を何か出しているのではないでしょうか。

渡り鳥はどうやって針路を決めるの？

人間のつくった国境などに関係なく大空を飛び回る渡り鳥は、まさに自由の象徴です。世界中にたくさんいる渡り鳥の中で、最も長い距離を移動するのがキョクアジサシ。何と、北極と南極の間を毎年往復しているといいますから驚きです。

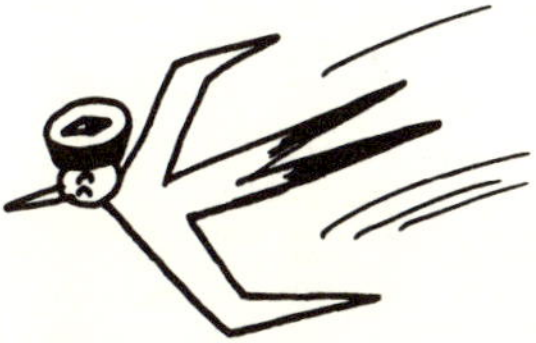

彼らは地図もないのに、どうやって片道1万5000キロ（最短直線距離）以上の長旅ができるのでしょうか。

目的地までたどり着くには、まず方角がわからなくてはなりません。一般にツルやワシなどの大型の渡り鳥は昼間、また、外敵の多い小鳥類は夜に移動します。そこで、前者のタイプは太陽、後者は夜空の星座を見て、飛ぶべき方向を決めています。

しかし、曇りや雨の日は星も太陽も見えません。こんなとき、**鳥たちは地球の磁力線を感知して方角を知ります。**鳥は脳の中に磁鉄鉱（磁石）を持っているのです。

このように、渡り鳥は太陽と星座、磁気をコンパスにして飛んでいるのは間違いないのですが、これだけではとても説明しきれない謎の部分があるのも事実。

たとえば、強い風にあおられて針路がずれた場合でも、鳥たちは自分の位置を正確に判断した上で、飛ぶ方向を修正しています。また、太陽の位置から方角を知ることはできても、緯度や経度までどうやって割り出せるのでしょうか。

どうやら鳥たちは、人間には想像もつかないような超能力を備えているのです。

鳥は後ろに飛ぶことができるか?

見たことはありませんが、ハチドリという小さな鳥がいるそうです。

この鳥はミツバチのように花の蜜を吸って生きており、そのとき、花の上でホバリング(ヘリコプターのように同じところにじっとして飛んでいること)するわけですが、ホバリングですから後ろにも行くことができます。といっても、ほんの少しだけ。〝後ろに飛べる〟というようなものではありません。

普通の大きさの鳥はホバリングはできませんから、前にしか飛ぶことはできません。高空をゆったりと飛んでいるトンビなどは、ときどき後ろに飛んでいるように見えますが、あれは雲が風に流されて早く動いているのでそう見えるだけ。トンビのような大型の鳥が後ろに飛んでいくことはできません。

ヤモリはどうして壁に張りつける？

都会では見かけなくなってしまいましたが、田舎に帰るとあのなつかしいヤモリにお目にかかることができます。

夕食後、ひと休みしていると、天井やガラス戸の上をツツ、ツツツと歩いていきます。と、獲物を見つけたのか急に慎重になり、突然、パクリと上手に蛾《が》をくわえてしまいました。夏のひとときをスリルと興奮に包んでくれる一瞬です。

それにしても、天井やガラスの上を上手に歩くものです。ヤモリの足の裏はどんな仕掛けになっているのでしょうか。昔、近所のおじさんに聞いたところ、吸盤がついているので、吸いついているということでしたが、ガラスのこちら側から観察したところそんなものは見えません。実際、吸盤ではごつごつした壁や木の天井には吸いつくことはできません。

その仕組みをわかりやすく言うと、マジックテープと同じ仕かけ。**足の指裏のホニョホニョとしたところに非常に細かい毛がたくさん生えており、それを引っかけて張りついているのです。**毛だとガラスのようなツルツルのところは滑ってしまいそうですが、そんなことはありません。ガラスの表面も顕微鏡で見ればゴツゴツしており、引っかかりがたくさんあるのです。

アリの巣は雨が降っても水浸しにならないの？

働き者のアリさんを見ていると、時間のたつのを忘れてしまうほど動きがバラエティーに富んで面白いのですが、そんなときふと心配になるのは、大雨が降ったときのこと。普通の雨ならいつものことでしょうから、入口に葉っぱなどで屋根をかぶせる（？）とかの対策を講じるのも慣れっこでしょうが、大雨だと一面水浸しです。

しかし、心配はご無用。まず第一に巣は水浸しになるようなところには、つくってありません。そう思ってみると、比較的高いところとか、縁の下など上におおいのあるところとか、大きな石の下とか、なかなか立地に思案のあとが見られます。

たまには予想外の大雨ということもあるでしょう。が、そんなときでも地面にはたくさんの穴や隙間があり、アリの巣だけに水が流れ込んでくることはあまりないそうです。ただ、床上浸水してしまうような大洪水になったら、さすがにアリの巣穴もやられてしまいます。

インドのヘビ使いのトリック、公開します！

ヘビが笛の音に合わせて踊るインドの見世物がありますが、これが事実であれば、

2つの意味で驚かされます。1つはヘビが音を聞き分けること。もう1つはヘビが曲芸(というほどのこともないか?)をすること。

しかし、どんな見世物にもネタがあるように、この曲芸にもちゃんとそうしたものがあります。

なぜなら、**実はヘビには聴覚というものがない**のです。耳が聞こえないのですから、笛の音に合わせて曲芸をするなんてことは、できるはずがありません。

ではなぜ、インドでは曲芸をするかというと、**ヘビ使いが巧みにヘビの攻撃本能を刺激しているから**です。ヘビ使いは笛の音でヘビを操るようによそおいながら、実際は、地面を足でトントンとたたいたり、籠を動かしたり、体を揺らしたりと、いろいろなことをしています。すると、ヘビは目の前にいるその男が攻撃してくるのではないかと注意を集中し、振動を与えると体を起こし、ヘビ使いが体を揺らすと自分もゆらゆらし、それがあたかも踊っているように見えるのです。

われわれは一般にヘビが嫌いなので、ヘビの習性をほとんど知らないわけですが、この曲芸はその盲点を見事に突いたものということができます。

17年も幼虫期間を過ごすセミがいる!?

セミは、成虫になるまでの期間が長いことで知られています。

日本のセミは、幼虫として地中で生活する期間が1~9年。イワサキクサゼミの1~3年がおそらく最も短く、ニイニイゼミが4年、アブラゼミが7年、ミンミンゼミも7年といわれます。

7年でもそうとうな長さですが、外国にはこれを上回るセミもいます。

北米大陸に棲むジュウシチネンゼミがそれ。

なんと17年も幼虫期間を過ごすのです。

しかし、全世界には約3000種ものセミがいて、まだまだ解明されていないことも多いといいます。

もしかするとジュウシチネンゼミを超えるものもいるかもしれません。

カンガルーの袋の中にゴミは溜まらないの？

カンガルーに関する質問その1。カンガルーの赤ちゃんはどうやってお母さんの袋に入るのでしょうか。

〔1〕生まれたらすぐ自分ではい登って入る。

〔2〕最初から袋の中に生まれる。

〔3〕母親がくわえて入れてやる。

答えは〔1〕。カンガルーの子どもは生まれたときは小指の先くらいしかありませんが、そんなちっちゃな赤ちゃんが、**お母さんがあらかじめなめておいた道筋にしたがって、お腹の毛をかき分けかき分けしてよじ登り、袋に到達する**のです。

質問2。袋の中にはゴミや汚物が溜まらないのでしょうか。

〔1〕オシッコやウンチは外でするので溜まらない。

〔2〕お母さんが口と舌で掃除してやる。

〔3〕溜まるけど、子どもが自分で掃除するのできれい。

答えは〔2〕。やはり育児はお母さんの役割。赤ちゃんは袋の中にずっといて、中にあるおっぱいからミルクを飲んで大きくなるわけです。お母さんは袋の中に頭を入れ、ちゃんと掃除をしてあげるので、中はいつも清潔そのものです。

親ザルに育てられなかった子ザルは「大人」になれない!?

アメリカの動物学者ハーロウが子ザルを使って行なった実験は、そのどれもが人間にも当てはまるのではないかと思われ、興味が尽きません。

実験の一つに55匹の子ザルを親ザルから引き離し、子ザルだけの集団で育てるというのがあります。子ザルは外見上なんの問題もなく育っているように見えましたが、実は完全ではありませんでした。これらの子ザルはもともと実験用のサルですから、どんどん繁殖してくれるのがいちばんいいわけですが、何不自由ない環境だったにもかかわらず繁殖しなかったのです。１匹も性行為ができませんでした。

親ザルに育てられないと、外見は大人になっても、性的に成熟しなかったわけです。

また、ハーロウは別の実験で、90匹の子ザルのグループに人形の親ザル（乳首には哺乳ビンがセットしてある）を与えておいたところ、数匹はちゃんと性行為ができるサルに成長することができたということです。しかし、子ザルを産んでもこれら数匹の親ザルはどう育てたらいいのかわからず、赤ちゃんザルをいじめ抜いたのです。

この2つから推測できるのは、**親の愛情がまったくないか、欠けていると、子どもは心身ともに一人前になれない**ということです。

オスのお腹から赤ちゃんが出てくる動物って？

謎というほど大げさな話ではありませんが、タツノオトシゴの赤ちゃんはお父さんのお腹から産まれてきます。どうしてでしょうか。

タツノオトシゴを水族館で見た人は、こんな奇妙な生き物がいるのかと感心してしまいます。しかも、なんの防御の手段も持たず垂直に立って海中を漂っているのですから、実に不思議な生き物です。

で、なぜお父さんのお腹から赤ちゃんが産まれてくるのかというと、**メスのタツノオトシゴがオスの保育用の袋（育児《いくじ》嚢《のう》）の中に産卵し、オスが育てる**からです。メスは産卵すると、どこかに行ってしまうのです。バトンタッチされた形のオスは、卵をお腹に抱え、やがて赤ちゃんが袋の中にいっぱいになると、1匹ずつ外に送り出すわけです。タツノオトシゴは天敵がいないのか、赤ちゃんが海中を漂っても襲われることはほとんどないようです。

このタツノオトシゴと同属のヨウジウオも、メスがオスのお腹の袋の中に卵を産みつけます。卵はこの袋の中で受精卵となり、17日～21日間ほどで稚魚が誕生します。

ただしこちらはタツノオトシゴと異なり、オスはまったく育児を行ないません。

女王バチを連れ去るとミツバチの巣はどうなる？

ミツバチの巣箱には何万匹というハチが群れていますが、その中心にいるのはただ

1匹の女王バチです。女王バチは夏のはじめにたくさんのメスのハチを産みますが、これらのハチはメスといっても生殖能力はなく、すべて働きバチになります。

このようにミツバチの社会の中心には女王バチがいるわけですが、では、この女王を巣から取り除いてしまうとどうなるでしょうか。

秩序が壊れ、ハチの社会は崩壊するのではないかと思われますが、そうではありませんでした。**群れはすぐに新しい女王をつくってしまう**のです。

もともと働きバチはメスですから、どのハチも女王になる資格は持っているのです。

ただ、女王になるためには幼虫時代にローヤル・ゼリーというものを食べなくてはなりません。ローヤル・ゼリーは働きバチの分泌物ですが、女王がいなくなると働きバチは1匹の幼虫を選んでせっせとこれを食べさせるのです。

女王がいる間は、ローヤル・ゼリーを幼虫に食べさせることはありません。

年を取って役に立たなくなった女王バチの運命とは？

女王バチの役割は子孫を残すことですが、膨大な数の働きバチを産むのに、そのたびごとに交尾していたのでは間に合いません。そこで**女王バチは貯精嚢《ちょせいのう》という便利なものを持っており、そこに1回の交尾で獲得した精液を蓄え、これを使ってどんどん受精を行なっていく**のです。

ローヤル・ゼリーで育てられた女王バチは、ほかのハチに比べるとタフですが、いくらタフだといっても年を取りますし、場合によっては病気になることもあるでしょう。つまり、女王としての機能が果たせなくなります。そうなると、ミツバチの社会としては非常に困ったことになります。

しかし、心配は無用です。

働きバチたちはすぐに新しい女王をつくり、**新しい女王は古い女王を力ずくで追い出してしまう**からです。古い女王が弱りすぎて自力で出ていけないときは、働きバチたちが寄ってたかって殺してしまいます。

働きバチたちにとっては、この女王は自分の親にあたるわけですが、情け容赦はないのです。

ホタルは死んでも光るのか？

ホタルの種類は、およそ2000種。そのうち約40種が日本に棲息しています。代表的なのはゲンジボタル、ヘイケボタル、ヒメボタルといったところ。なかには、ベニボタルのように発光器のないものや、クサボタルのように幼虫のときしか光らないもの、カラフトボタルのようにメスしか光らないものもあります。

たいていのホタルの場合、**腹部の後ろの端に発光器がついていて、発光物質が空気に触れて酸化することによって点滅**します。

点滅はかなり素早く、ゲンジボタルで1分間に80回。ヘイケボタルは120回、0・5秒に1回光っているのですから、人間の目にはほとんど光りっ放しのようにも見えます。発光は求愛の信号で、まずオスが飛びながら光り、メスがそれに返事して光るといった具合。相手を間違えないように、種類によって光り方が違います。

発光器のしくみに関しては、まだ解明されていない点もあるのですが、不思議なことに死んでも光は放たれるのだとか。**死んだホタルの発光器を乾燥させて保存すれば、その働きは失われない**そうです。

「前進できる」カニがいる！

カニの体の構造からいって、足を前後に動かすことは難しいはずです。扁平《へんぺい》な体の側面に4本の脚（歩脚）が連なるように隙間なく並んでいるのですから、この足を垂直方向に動かしつつ横へ歩くのが、いちばん自然な動きです。

ところが、どこにでも変わり種はいるもので、カニの仲間にも器用なのがいました。ガラパゴス諸島のイワガニです。

このカニは、横歩きは言うに及ばず、**前にも進めればバックもできる、おまけに跳ねまわることもできる**とか。

さすが珍しい生物の宝庫、ガラパゴス諸島です。

ナマコはどうやって移動するの？

いつ見てもドテッと横たわっているナマコは、はたして歩けるのかどうか。歩けないとしたら、どうやって移動するのでしょうか。

ナマコの円筒状の体は、全身が筋肉の塊。生まれながらの筋肉質です。棘皮《きょくひ》動物というくらいですから、背面はイボ状の突起におおわれているのですが、実はこれは小さな骨片です。

そして腹面には……ちゃんと足がありました。管足《かんそく》が3列。柔軟な管状の肉で、水の出し入れができるようになっています。

移動するときは、水を吸ったり吐いたりして管を伸縮させ、先端の吸盤を海底の岩や砂に吸いつかせます。

「歩く」と呼べるのかどうかはわかりませんが、とりあえず足のようなものを使って移動できるのは確かです。

ヒトデの食生活はこんなに「恐ろしい」

浅瀬に棲む動物は、イソギンチャクやら、ウニやら、ウミウシやら、とにかく不思議な姿形をしたものが多いようです。なかでもその筆頭は、ヒトデでしょう。

たいていのヒトデは５本の腕を星形に広げていますが、９本腕のニチリンヒトデや、極端に細い形のクモヒトデなど、変わり種もいます。

どのヒトデにも共通しているのは、中央の下側に口があり、ここから小さなエサや海水を取り入れることです。腕の先には目の役割をする細腕もあります。

また、星形の中央から腕の先端にかけて管足があり、ヒトデはこの管足をいろいろな作業に使います。伸縮を繰り返して歩いたり、においをかいだり、ものに吸いついたり。そして二枚貝を捕るときにも使うのですが、そのやり方はかなり強引です。

まず、貝に吸いついて殻を引っ張ります。このとき力ずくなのか、マヒさせる液をかけるのかは学者の間で議論の的ですが、はっきりしているのは、その後、貝がほんの少しでも抵抗をゆるめた隙に、ヒトデの攻撃が激しくなることです。

何をするかというと、**胃を口から外に伸ばし、エサとなる貝の割れ目に押し込んでしまうのです。そして、すかさず消化液を送り込み溶かして食べ尽くしてしまいます。**

技巧的にして強引な、この食事ぶり。自然界の生き残り術の一つとはいえ、星形の造形美に加えて色も鮮やかなその姿とは、なかなか結びつきません。「きれいな花には……」を地でいくヒトデです。

そういえばヒトデは、表面に細かいトゲがたくさん生えている棘皮動物なのでした。

カタツムリは貝？　それとも虫？

殻を背負っているから貝のようでもあるし、陸上を歩くから虫のようでもあるし。なんだかよくわからないカタツムリ。

正確に言えば、カタツムリは腹足類《ふくそく》の軟体動物。巻貝やウミウシの仲間です。ほかの多くの貝類と同じく、石灰質を分泌して貝殻をつくり、柔軟な体をその中にすっぽりもぐり込ませることができます。

殻は5〜6層からなる螺旋《らせん》形で、たいていは右巻き。体は、頭、平たい足、内臓の3部構成。目は長いほうの触角の先端にあるものの、10センチ先でさえもほとんど見えず、明暗を判断する程度の能力しかありません。

ほかの貝類と決定的に違うのは、呼吸器官です。

軟体動物の多くはエラで呼吸しますが、カタツムリは陸上生活者として進化したため肺を持っています。このように肺を持つ貝を有肺《ゆうはい》類と呼びますが、木の洞《ほら》にいるキセルガイや田んぼに棲むモノアラガイもその仲間です。

要するに**カタツムリというのは、陸に棲む貝の一種だった**わけです。

トカゲの尻尾は、なぜ切れても血が出ないの？

7月下旬から8月にかけては、トカゲが卵からかえる時期です。

6月の産卵から約2カ月。その間、爬虫《はちゅう》類にしては珍しく母親が卵の世話をします。

卵は土に穴を掘って産み落とされるので、土中の水を養分にすることができます。

トカゲは敵に襲われると尻尾を切って逃げますが、なぜかほとんど出血しません。これは筋肉の収縮が驚くほど早いため。尻尾の関節の間の筋肉が瞬時にして締まり、出血を防ぐのです。

しかし出血は抑えられても、失ってしまった骨まではなかなか再生できません。そのため、**切れたところから新しい尻尾は生えてきますが、新しく生える尾の中には軟骨しかできない**のです。

出目金《でめきん》の目はどうして飛び出ているの?

簡単な答えで拍子抜けするかもしれませんが、ズバリ、突然変異のせいです。

出目金のルーツは、フナの一種の黒い淡水魚。古くは中国で観賞用として飼われ、約1500年前に日本へ入ってきました。

このフナは長い年月をかけて突然変異を繰り返し、紅色、白色、紅白混じり、ヒレの形の変わった品種、大きさもさまざまな金魚が生まれました。その中の一つ、左右の眼球が突出したものに手を加えて品種改良したのが、現在の出目金というわけです。

テントウムシの背中はなぜあんなに派手なのか？

半球形の赤い体に黒い斑紋《はんもん》――テントウムシの姿は派手で、よく目立ちます。木や葉の色に似せた保護色の虫が多い中、なぜわざわざ存在を知らせるような色や模様になっているのでしょうか。

捕まえてみるとわかるのですが、テントウムシは危険を感じると、足のつけ根のあたりから黄色くて変なにおいのする液体を出します。このにおい、テントウムシの敵である鳥にとっても臭いらしく、また味もひどいらしいのです。

要するに、存在を目立たせるのは「臭くてまずいから近寄るな」という警告を発しているようなもの。テントウムシはそんな

やり方で身を守っているのです。

トンボはどうやってエサの昆虫を捕まえるの?

トンボが昆虫を食べることはよく知られていますが、エサをどうやって捕まえ、どのように食べるかは知らない人が多いでしょう。

トンボの顔をじっくり見ると、大きな目と目の間にかなり大きな口があるので、これで飛んでいる昆虫をパクリとくわえてムシャムシャ食べるように思えますが、そうではありません。エサの捕獲の役割を担うのは、口ではなく6本の脚です。その脚は剛毛におおわれ、非常に頑丈にできています。この脚の先をすぼめて虫カゴのようにし、その中に昆虫を捕らえ、適当な木の枝まで運んで行きます。そこでおもむろにエサを口でくわえ食べるわけです。

トンボは左右に前後2枚ずつのハネがありますが、前のハネの動きを後ろのハネの動きが追いかけていく仕組みになっているので、非常に滑らかに飛ぶことができます。トンボ返りも自由自在。ハネがはばたく回数は毎秒20〜30回くらい、速いトンボだと時速80キロ近いスピードを出せるというのですから驚きです。

トンボの眼は「遠近両用」だった！

トンボの異様に大きな眼は、よく知られているようにたくさんの眼が集まった複眼です。眼の数はざっと1万から3万個。半球形の表面に、こんなにも膨大な数の眼がついているのです。おまけに、複眼の前方には3つの単眼もあるのですから、目がいいのも当たり前。15メートルから20メートル先でモソッと動いた小さな虫でも見逃がしません。

近くも遠くも見えるのは、**複眼の上半分が遠視で、下半分が近視**のため。

また、複眼が半球形をしているおかげで、視野は抜群に広いのです。上下左右のものが同時に視界に入ってきます。唯一の弱点は真後ろで、これぱっかりは複眼の視界も届きません。捕まえるときは真後ろからそっと、が基本です。

鳥の肌は、なぜ鳥肌なのだろうか？

関西方面では「さぶいぼ」と呼ぶ鳥肌。寒いと小粒のイボもどきが皮膚に出現しますが、これが鳥の肌に似ているから鳥肌と呼ぶようになっただけの話で、鳥が鳥肌になるわけではありません。念のため。

では、なぜ鳥の肌はブツブツして毛穴も大きいのでしょうか。

それは、毛が太くて硬いためです。毛というよりは、正確に言えば羽ですが、太くて硬い羽が抜けないように毛根のあたりの筋肉が発達しているのです。

なのに強引に羽をむしってしまうのですから、ニワトリの肌があんなにブツブツしているのも当たり前。

根元の筋肉の役目は、もう1つあります。寒いときに羽を立たせ、体温を逃がさないようにすることです。冷たい空気に触れると、人間の場合は立毛筋が縮んで鳥肌になってしまいますが、鳥の場合は羽毛で寒さから身を守っています。肌が外気に直接触れないのですから、これでは外気が寒くても鳥肌の立ちようがないというわけです。

生きた昆虫を食べるカビがいる⁉

昆虫の天敵といえば、普通は鳥や小動物です。ところが、もっと手ごわい敵がいました。エントモファガという、カビの一種です。

名前は「エントモ」が〝昆虫〟、「ファガ」が〝食べる〟という意味。**寄生虫ならぬ寄生カビ**というわけです。

エントモファガは高温多湿の地域を好み、トノサマバッタなどの昆虫に付着して胞子を増やします。カビの増殖スピードは元来速いので、小さな昆虫の体など、ほんの2週間もあれば菌糸でおおってしまいます。

被害を受けた虫のほうは、夕方、草のいちばん上まで上っていって、そのまま死んでしまいます。カビの威力は、やはりあなどれません。

住まいにひそむダニの数は?

高温多湿の日本の夏は、ダニにとっては最高に暮らしやすい環境です。

ダニが最も繁殖しやすい気候条件は、気温20~30度、湿度60パーセント以上。風通しのよいかつての日本家屋と違って、現在の住宅は洋風の密閉型が主流のうえ、じゅうたんやソファ、羽毛や羊毛のふとんなど、卵を産むのに恰好の温床がそろっています。**ダニにとって、日本の夏はますます居心地がよくなってきている**のです。

板の間より畳、畳よりもじゅうたんのほうが繁殖しやすいことは知られていますが、実際に調べてみると、かなりの差があることがわかります。1畳分のスペースに45秒間掃除機をかけると、板の間では40匹以下、畳なら200匹近く、じゅうたんなら600匹以上のダニが吸い取れるといいます。

また、布製のソファに1分間掃除機をかけると3000匹、羽毛ふとんは1000匹というデータも。小さなぬいぐるみでさえも、かなりの数のダニが検出されます。

秋になると、ダニは死んでホコリのように舞い上がり、アレルギーの原因にもなるので、夏のうちに退治しておきたいもの。何よりも、エサになるフケやアカを落とさないよう清潔にし、温床となるものもできるだけ使用しないのがいちばんです。

鳥は300メートル先からエサを見つける！

鳥の視力は強力です。なにしろ、かなり速いスピードで飛びながら、エサとなる小動物や昆虫を瞬間的に見つけなくてはなりません。

もちろん、エサとなる小動物や昆虫のほうも鳥に襲われるのをいちばん恐れているわけですから、なんとか見つかるまいと保護色を身にまとったり、鳥の姿が視野にある間は動かないでじっとしているなど、防御策を講じているのですから大変です。

それでも、鳥の視力はそんな防御策を見破ってしまうほど強力。たとえば**タカだと**

300メートルの高空からネズミ、モグラ、小鳥、ウサギなどを見つけ、あっという間に急降下して襲いかかります。われわれが300メートル離れたネズミの動きを見るのは大変ですが、鳥にとってはどうということもありません。こんな強力な視力を持っているのですから、脳天気な人が油揚げを持ってブラブラしていれば、トンビの恰好の標的になってしまいます。

ホタテガイは32個も目を持っている!?

硬くて頑丈な殻で身を守っているとはいえ、貝には危険がいっぱい。殻だけでは足りず、泥の中にもぐったり、においをかぎ分ける触手を持ったりと、それぞれ生き抜いていく術《すべ》を備えています。

アメリカ西海岸に棲む貝の一種ジオダックは、敵が近づくと、泥の中1メートルもの深さに逃げ込みます。逃げ足の速さと確実さでいえば、このジオダックがナンバーワンですが、敵を察知する能力にかけては、ホタテガイに勝る貝はありません。

なにしろ、**ホタテは目の数が32個。**一つひとつの基本構造が人間の目にそっくりで、白眼にあたる部分が青くなっています。

さほど大きくはないものの、殻の周囲にズラリと並んでいるのですから、敵の接近も見逃さないはず……なのですが、やはりヒトデなどに捕まってしまうことも少なくないようです。

「滝登り」はコイの専売特許ではなかった！

かつて華厳滝《けごんのたき》を登ったウナギが発見されたことがありましたが、ハゼ科にも滝登りをする魚がいます。ハゼのお腹を見ると、盃《さかずき》状の吸盤がついています。左右の腹ビレが合体してできたもので、水底に棲むハゼにとっては欠かせない部位なのです。

この吸盤がずば抜けて強力なのがボウズハゼで、たとえあおむけになっても落ちないほど。吸着力を最大限に利用して、滝つぼの岩肌にペタペタくっつきながら登っていきます。

ヨシノボリもやはりハゼ科の魚ですが、琉球列島のヨシノボリの場合、身軽さが身上。体長7センチ以下と小さいせいか、滝だろうと何だろうと平気で泳いでしまいます。十数メートルの高さでも大丈夫。滝の本流ではなく、脇のコケの間を流れる水を利用して登るようです。

マムシに噛まれたマムシはどうなる？

マムシは唯一、日本各地に棲息する毒ヘビです。沖縄ではハブのほうが猛威をふるっていますが、本州に棲む毒ヘビといえばマムシ。その毒性は、熱帯や亜熱帯の毒蛇よりはいくらか弱めです。

山中の小道などにトグロを巻いている姿や、水辺の草むらから音もなく出現する様子は本当に気味悪いものですが、体は比較的小さめです。平均すると全長約70センチ。

ハブが2メートルもあるのに比べれば、小柄なものです。しかし油断は禁物。噛まれれば出血しますし、呼吸困難から死に至ることもありますから、血清注射での毒消しは欠かせません。

ところで、マムシがマムシに噛みついた場合、被害者のマムシはどうなるのか。**マムシの血液には仲間の毒に対する抵抗力が備わっている**ので、毒牙《どくが》にやられても異常は起こりません。

ほかの毒ヘビにやられれば毒がまわるかもしれませんが、現実には毒ヘビ同士のケンカというのはあまりないのだとか。

ゴキブリが3億年も生き残れた秘密

ゴキブリの生命力にはあきれるばかり。ゴキブリ捕りを仕掛けようが、スリッパでたたこうが、絶滅することがありません。

どこからともなく次のやつが出現。部屋のすみっこや天井をうろつきまわっている

のを見ると、この世で最もしぶとい生き物だといわれているのにもうなずけます。

ゴキブリの歴史はなんと3億年。

人類が誕生する2億9700万年以上も前から、地球上をウロウロはいずりまわっていたわけです。

その間に数多くの生物が絶滅に追い込まれたことを考えると、ゴキブリの生命力にはただならぬものを感じてしまいます。

この強さ、どうやら食生活に秘密があるようです。

ゴキブリのエサとなるものは、驚くほど幅広いのです。人間の食べものや生ゴミはもちろんのこと、排泄物、毛、爪の切れ端、アカやフケ、さらに本の背表紙の糊《のり》、機械油まで食べてしまいます。人が常識で考える「エサ」の範囲を超えた、すさまじい悪食《あくじき》ぶり。

これなら、どんな状況下に置かれても食べものに困ることはなく、なるほど滅びないわけです。

「鉄棒をも曲げる」キック力がある鳥って？

ヒクイドリという体高1・5メートルほどの大きな鳥がいます。

青藍《せいらん》色の長い首の前後は絵の具で塗ったように鮮やかな赤色。全身がツヤツヤした黒色なので、首の赤が目立ち、遠くから見ると、まるで火を食べているように見えるところから、この名がついたという説があります。

翼は退化していて、金火箸《かなひばし》のような羽軸だけが、体の両側に5〜6本ぶら下がっています。

脚は、ほかの鳥とは比べものにならないくらい太くて強靱。棲息地のニューギニアの密林では、この脚でそこら中を自由に駆け回り、昆虫、果実、木の芽などを食べて暮らしています。

敵に襲われると、健脚にものを言わせて一目散に逃げますが、追い詰められたときは、自慢の脚を上手に使い、相手を思いっきり蹴飛ばします。

そのキック力たるや、想像以上のものすごさ。

実際、過去に上野動物園では、虫のいどころが悪かったヒクイドリが檻を蹴飛ばし、鉄棒が十数本も曲がってしまったということです。

クジラの先祖はなんとラクダだった!?

陸上に棲む最大の哺乳動物はゾウですが、海洋哺乳動物の最大は、なんといってもシロナガスクジラ。

そのクジラの先祖が、ラクダだったとしたら驚きです。

文部省統計数理研究所（当時）の長谷川政美教授が発表したこの新説は、遺伝子の本体であるＤＮＡ（デオキシリボ核酸）のデータを統計学的に調べ直してわかったものです。

クジラはラクダの先祖から生まれたもので、遺伝学的にはウシやウマよりも、ラクダのほうに近いということですが、外観や生態からは想像しにくい話ですね。

どうやって調べたかというと、まず、進化の過程を探るのに適している、母親からしか伝わらないミトコンドリアのＤＮＡを生物ごとに分類します。そして、クジラ、ヒト、マウス、ウシなどのＤＮＡの基本単位である塩素の配列をもとに、最尤法《さいゆう》という統計学的手法を用いて、どのように分岐し進化したかを表わす系統樹《けいとうじゅ》をつくるのです。

その結果、ラクダ、ウシといった偶蹄《ぐうてい》類と、ウマなどの奇蹄《きてい》類が約６５００万年前に枝分かれした後、クジラの先祖が偶蹄類から分岐したことがわかりました。さらに、クジラは偶蹄類の中でも、ラクダの先祖から分かれた可能性が高いというのです（その後の研究で、クジラはラクダより、カバにより近いという考え方も示されています）。

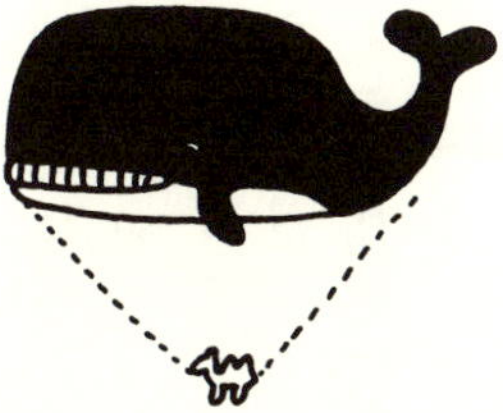

クジラが広い海で結婚相手を見つける方法

クジラは人間と同じ哺乳動物です。知能も高い。そして、地球上にこれまで出現した生物の中で、最も巨大な生物です。巨大さでは恐竜がよく引き合いに出されますが、そのいちばん大きなブラキオサウルスで、全長25メートル、体重80トン。これに対してシロナガスクジラは、全長30メートル、体重１７０トンですから問題になりません。

しかし、いくら巨大といっても、海の広さに比べれば点のようなものです。

そんな広い海の中で、クジラは結婚相手や迷子になった子どもと、どうやって連絡を取っているのでしょうか。一度はぐれてしまったら、もう一生会えないようにも思われます。

しかし、その心配はありません。超音波を出して広い海域の様子を見て（探って）いるからです。

外部からは見えませんが、クジラは非常に精巧な耳（鼓《こ》骨《こつ》胞《ほう》）を持っており、これで互いが発する信号音をキャッチしているのです。

ある調査によると、**マッコウクジラで1万メートル、群れをつくっているイルカ（クジラの仲間の小型のもの）で８００メートルも遠くの出来事をキャッチできると**いうことです。

イルカの〝塩分の摂りすぎ〟を防ぐ法

適量の塩分は生きていくのに欠かせないものですが、摂りすぎは危険。人間に限らず多くの生物にいえることです。ですから海水に棲む魚たちは、塩類細胞という細胞で、塩分の摂取を上手に調節しています。しかし、魚ではないイルカやクジラなど海の哺乳動物は、どうやって塩分の摂りすぎを防いでいるのでしょう。

イルカもクジラも大食漢です。たくさん食べたものは体の維持や運動エネルギーになるだけでなく、もちろん肥満のもとになるのでもなく、体内で水分に変えられたりもするのです。

水分になるのは食べた魚などの脂肪分です。体内で脂肪分をどんどん分解し、酸化させて水分をつくり出すことができます。**食べれば食べるほど、体内の水分が増える仕組み**です。おかげで塩辛い海の水を飲まなくてもすみますし、体液の濃度も上がらずにすむのです。

けれど、水分を増したままでは水膨れになってしまいますので、これを大量の尿として排出します。そのとき余分な塩分や体内の老廃物も一緒に出せるので、これも健康維持に役立っています。

どんどん水分をつくって新陳代謝を活発にし、塩分を溜め込まない。哺乳動物が海に棲むための合理的な機能です。

牛・羊が食べたものを反芻《はんすう》する切実な理由

よく知られているように牛や羊、カモシカなどには、「反芻」といって、一度食べたものをふたたび胃から口に戻して噛み直す習性があります。

牧場の牛などを見ていると、いかにものんびりと、モグモグとおいしそうに口を動かしています。そんな様子から、反芻は、「食べるときは食べられるだけたくさん胃に詰め込んでおき、後で安全な場所でゆっくりと味わって食べ直すために行なわれている」といわれていました。しかし、そうではなかったのです。

牧場の牛は別として、広い草原にいる野生の草食動物にとっては、いつどこから敵が襲ってくるかわかりません。そんな環境で、のんびりと味を楽しめるような安全な場所などあり得ないはずです。それに、食べられるだけ食べておくこと自体、生理的にみて不可能です。

反芻動物は普通、4つの胃をもっています。

食べたものは、口で簡単に噛んだだけで、すぐ第1胃に送り込まれます。ここでバクテリア類の助けを借りて消化された後に第2胃に送られ、そこで小さなかたまりにされて、ふたたび口に送り返されます。それを、今度はドロドロの状態になるまでよく噛んだ後で第3胃に送り、そこから第4胃へと送られていくわけです。

問題は、そのうち第1胃の段階です。これは4つの胃の中でも最も大きく、食べた植物の粗繊維などをどんどん発酵させています。その発酵によってガスが発生し、その圧力が胃に満腹感を与えて食欲を減退させます。つまり反芻動物の胃は、食べられるだけ食べておくようにはできていないわけです。

やはりこれは、**繊維が多くて消化の悪い草を十分に消化しきるためにつくられたシステム**と考えたほうが自然なのです。

ところで、胃で発生したガスですが、腸ならオナラになりますが、こちらはゲップとなって口から放出されます。主成分はメタンガスですが、これがバカにならない量で、おならに含まれるもの（約1割）も加えて、日本にいる牛だけでも年間およそ28万トンにもなるといわれています。

なんとこれが、地球温暖化を招いている理由の一つになっているというので、国も本格的に対策を研究し始めています。

フクロウは目でなく耳で物を見ている⁉

〝森の哲学者〟と呼ばれるフクロウは、そのイメージ通り本当に賢く見えます。

特に、顔を少し傾け、大きくてつぶらなひとみでジーッとこちらを見つめる姿は、とても思慮深く見えるもの。ところがこのフクロウ、賢く見えるだけでなく、実際に大変賢い機能を持っている鳥なのです。

フクロウはネコと同じように、夜になると目をらんらんと輝かせ、ネズミなどの獲物を見つけて捕らえることができます。しかもフクロウの場合は、光がまったくない所でも確実に獲物を仕留めることができます。これは**フクロウが、目ではなく、耳で物を見ている**からだといえます。

フクロウの耳がどこにあるかといえば、実は、丸い顔の中にあります。目の斜め下、人間でいえば頬のあたりです。そして、その耳は左右に離れているだけでなく、上下にも位置がずれているのです。そのおかげで、上下左右のどこから発する音でも正確に到達時間を把握でき、獲物のいる場所を確実に知ることができるのです。

獲物のほうも、聴覚が鈍いというわけではないのに、なすすべもなく捕まってしまいます。フクロウの羽音を素早く聞きつけて、サッサと隠れてしまえばいいと思うのですが、どうもそれは無理な相談のようです。

なぜなら、フクロウの羽毛の先は、どれも細くけば立っていて、羽ばたく音をすっかり吸収してしまうので、まったく音を立てずに飛ぶことができるからなのです。

「空飛ぶカエル」がホントにいた!?

1800年代後半、アルフレッド・ウォレスは、ボルネオ島（カリマンタン）で不思議なカエルを見つけました。手足の指に吸盤があるアオガエルの仲間で、常に木の上で生活しているにもかかわらず、水カキが非常に発達していたのです。

でも、卵を産むときさえ水に入らないのだから、水カキなんて必要ないはずです。そこでウォレスは、この水カキは空中で何かの役目をするはずだと考えました。

そして約80年後の1964年、アメリカのデービス博士が同地を調査したときにはじめて、この水カキの秘密が明らかになったのです。

博士は、**高い木の上からこのカエルが、手足の水カキをいっぱいに広げ、まるでパラシュートのようにしてゆっくり降りる**のを確かめました。

トビガエルというこのカエル、鳥のように空を飛ぶわけではありませんが、普通のカエルだったらケガをするような高い所からでも、平気で飛び降りることができるのです。

暗闇でも一発で獲物を仕留める毒ヘビの超能力！

軍事兵器に詳しい人なら、「サイドワインダー」という名前を聞いたことがあるはずです。中短距離用の空対空ミサイルの名前で、敵の飛行機から出る赤外線を感知し、どこまでも追いかけて爆破するという恐ろしい兵器です。

このサイドワインダーとは、北アメリカ西部の砂漠に棲む小型のガラガラヘビの名前からきているのです。サイドワインダーが属するマムシ亜科のヘビは、目の前部に「ピット」と呼ばれる特殊な器官を持っています。

ガラガラヘビに目隠しをして、口の中に味覚と嗅覚を麻痺させる薬品を入れても、ネズミを襲って捕まえることができます。しかし、ピットをテープでふさがれ、暗闇の中に置かれると、ネズミを捕まえられません。つまり、このピットは、**哺乳類など温血動物から出る体温の赤外線を敏感にキャッチするセンサー**の役目をしているのです。その精度は0・2度の温度差をも感知するといいます。左右一対のピットにより、獲物の位置を立体的に探知できるので、暗闇の中でも正確に攻撃することができます。

ハブ、マムシ、ガラガラヘビなど、マムシ亜科のヘビはすべて毒ヘビです。そこで、一撃を加えた後、逃げた獲物の体温をたよりに追跡すれば、やがて倒れている獲物にたどり着くというわけです。

獲物にとって、ガラガラヘビはまさに〝ミサイル〟ということになるでしょう。

タラバガニはカニのくせになぜ8本足？

カニの足は、ツメも合わせて10本あるのが普通ですが、タラバガニの足は8本です。第9、第10の足は、いったいどうなってしまったのでしょうか。

ズワイ、ワタリなどのカニの一族は、甲殻類十脚目の節足動物に分類されます。ほら、やっぱり10脚です。ではタラバガニの分類はどうなっているかといえば、こちらもやはり同じ十脚目。

実は、タラバガニの4対めの歩脚、つまりツメを除いて上から4つめの足は極端に小さく、甲羅の中に埋もれていたのです。

こんなに短くて人目につかない足は、当然歩くのには使えません。用途はエラの掃除、メスならお腹のあたりに受精卵をくっつけるぐらい。しかし、小さいとはいえ、ただの役立たずでないことは確かです。

ちなみに、タラバガニのさらなる細かい分類は、異尾下目《いびかもく》。ほかのカニは短尾下目《たんびかもく》。異尾下目といえば、ヤドカリもその一つです。タラバガニとヤドカリは、生殖器の位置や受精の仕方も非常に似ているとか。

要するに、タラバガニというのは、カニの名をもらってはいても、ヤドカリに近い動物だったのです。おいしいんですけどね。

リスのふさふさの尻尾の意外な役目

リスの学名は「スキウルス」。ギリシア語の「スキア」と「ウラ」からできた語で、「影をつくる尻尾」という意味があります。ふさふさと毛に覆われたあの長くて太い尻尾、だてについているわけではありません。その尻尾の役割は3つあります。

1つ目は、木から木へ飛び移るための道具として。隣の木へ移動するときに、太い尻尾をさらに広げて飛躍するのです。いってみれば、尻尾が翼の代わりになるのです。尻尾は胴より幅広で、数メートル離れた木にも軽々と移ることができます。

第2の役目は、落下時のブレーキ。飛躍の後、広げた尻尾を閉じて少し下げるようにすれば、ブレーキをかけられます。速度をつけて飛躍しても、前のめりになったり逆に後ろに倒れたりしないのは、やはり長い尻尾でバランスを取りつつブレーキをかけるおかげです。

役割その3は、布団代わり。リスは枝の股などを利用して、小枝、樹皮、草、獣毛や羽毛で球型の巣をつくりますが、あまり寝心地がよくないのでしょうか。**眠るときには必ず尻尾をお腹に巻くような格好で、うつぶせで寝る**のです。尻尾は全方位に動かせますから、寝るときの邪魔にならないようにこのスタイルを取るとは考えにくく、やはり布団にしていると見るのが妥当でしょう。長い毛で覆われた尻尾は、睡眠中に体温が下がらないようにも利用されているのです。

生きた凧《たこ》――ムササビの超絶滑空テクニック

ムササビは、昼は枯木の洞《ほら》で眠りほうけ、暗くなると木の実を食べに出かける、夜行性の動物です。

その体は、ネズミを細身にしたような本体に、短めの前脚と長めの後ろ脚、リスのようなふさふさの尻尾。けれどリスと決定的に違うところは、**前脚と後ろ脚が皮膚でつながっている**こと。この皮膚は膜のようでもあり、飛んで移動するときに大いに役立っています。

木の幹を登ったり、枝の上を走ったりしているときは、ちょこまかと後ろ脚を動かしているムササビですが、木から木へと飛び移るときにはこの皮膚の膜を利用して、四角い凧と化します。

滑空は空気抵抗を生かす方法をとります。まず枝の先端までススッと助走し、空中に身をひるがえしたその瞬間、４本の脚を思いっ切り広げます。すると膜状の皮膚がピンと張って、空気にうまく乗ることができます。凧やハンググライダーと同じ原理です。滑空距離は長く、**20メートルくらい楽々。時には30メートル飛ぶこともある**というのですから大したものです。

目的の枝に着いた瞬間には、膜をさっさとたたみ、後ろ脚で立って停止。しかし止まる間もなく再びちょこまかと後ろ脚を動かして走り出します。あくまでも身の軽い、素早い行動で木々を渡るムササビなのです。

ラクダ、4つの「砂漠サバイバル術」

ラクダはアフリカ北部や中東、中央アジアのゴビ砂漠出身の動物ですが、古くから家畜化が進み、野生種はほとんどいません。

しかし砂漠で生き延びるためのメカニズムは、先祖伝来のもの。背中のコブに脂肪を蓄え、これを砂漠でエネルギー源にすることはよく知られていますが、そのほかにも体のあちこちに砂漠向きの機能が備わっています。

まず、「足の裏」。座布団のように柔らかくて弾力に富んでいるため、砂にめり込みません。人やほかの動物にとっては見るからに歩きにくそうな一面の砂地も、ラクダはふんわりと踏みしめて歩くことができるのです。

それから、「まつ毛」が長いのは、砂が目に入らないため。空気が乾燥した砂漠では歩くたびに砂が舞い上がったりするので、目を守るためにまつ毛が発達したようです。

また、ラクダの「血液」には、飲んだ水を吸収させてためこむことができます。そのおかげで、水があるときには、がぶがぶと飲み溜めしておくこともできるのです。

なお、「コブ」についてもうひと言。砂漠の旅に出る前の数日間、ラクダは人間から食べものをたっぷり与えられて食い溜めにいそしみ、食べたものは脂肪に変えてコブに貯蔵しておきますが、この貯蔵にも限度があります。**何も食べずにコブの脂肪だけを運動エネルギーとして消費していけば、コブがしだいにしぼんでくる**のも自然のなりゆき。

長旅の後のラクダ、町に着いたときにはコブがしわくちゃの皮となって、体の片側に垂れていることもあるそうです。

鳥の世界には浮気が横行している!?

〝オシドリ夫婦〟という言葉があるように、鳥の社会は、われわれ日本人と同様、一夫一婦が普通です。夫婦の絆が非常に強いといわれている鳥の世界ですが、ある研究によって、つがい外の性関係（浮気）の存在が明らかになっています。

北アメリカに棲息するハゴロモガラスのオスを捕まえ、精巣を切り取ってから元の場所に放すという実験が行なわれました。

手術をして9日以降に、これらのオスの縄張りから卵を採集して調べたところ、約7割は受精卵でした。手術されたオスはメスを受精させることはできません。ということは、**メスたちは縄張り外のオスと浮気していた**と考えるしかないのです。

つがい以外の間に起こる交尾を〝つがい外交尾〟といい、これまでに104種の鳥で確認されています。

「鳥ってやつは、なんてふしだらなんだ」と思う人がいるかも

しれませんが、浮気や不倫の記事でにぎわう女性週刊誌を見る限り、人間も鳥もあまり変わりがないような気がします。

ニワトリに残された唯一の「野性」とは？

狭い部屋に押し込まれ、平均なんと10日に8個の卵を産む養鶏場のニワトリは、もはや産卵マシーンと言っていいでしょう。本来の繁殖期などすっかり忘れ、1年中ボコボコと卵を産み続けるニワトリには、野性の面影などほとんど感じられません。

あの「コケコッコー」にしてもそうです。本来、オスの鳥がよく通る声で鳴くのは、繁殖期だけに限られています。ニワトリの先祖であるセキショクヤケイも、繁殖期になると、自分の縄張りを主張し、メスを誘うためにけたたましく鳴きます。

ニワトリが1年中鳴くのは、家畜化されて品種改良が進んだためですが、ただ一つだけ野性の名残りがあります。それは決して夜中に鳴かないこと。敵を警戒する本能だけは残っているのでしょう。危険な夜が明けない限り、安心して鳴けないわけです。

直径40センチもの目玉を持つイカがいた!?

世界中でいちばん大きい動物はシロナガスクジラですが、では、最も大きな目玉を持つ動物をご存じですか。

それは、ゾウでもクジラでもありません。なんとイカなのです。

ちょっとピンとこないかもしれませんが、それはスーパーや魚屋さんで売られている胴長30~40センチのスルメイカやヤリイカしか見たことがないためです。**全長20メートルになる巨大なダイオウイカともなると、その目玉は直径40センチ**もあります。

どうしてこんなに大きな目玉が必要なのかというと……目玉が大きいということは、レンズの口径が大きいということで、薄暗い海中でもはっきり物を見ることができます。

魚やクジラは、主に嗅覚や超音波を使って獲物を捕らえますが、イカは視覚だけが頼り。だからこそ、ほかの動物に比べて

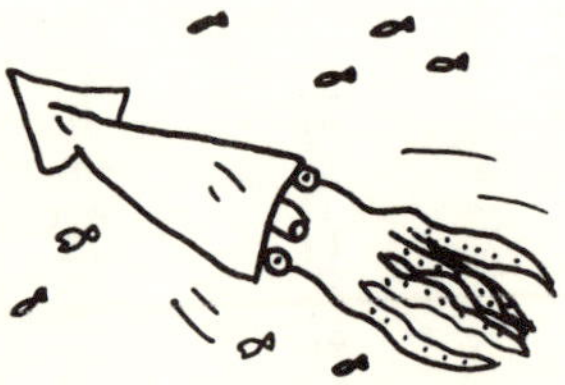

大きな目玉が必要なのです。

「シロアリは木を栄養にできない」って知っていた?

人間が生きていくためには鉄分は不可欠な栄養素ですが、直接鉄を食べても栄養にならないのは、体の中に鉄を分解する働きがないため。しかし、木をエサにするシロアリが、自分では木を分解して栄養にできないというのですから、これは何とも不思議な話です。

実は、シロアリの胃袋の中には、木を分解するトリコニンファという微生物がたくさんいて、シロアリが木を栄養分にできるのはこのトリコニンファのおかげ。微生物が、シロアリの食べた枯れ木や枯葉の主成分であるセルロースを分解してブドウ糖にし、シロアリはそれを栄養分にしているのです。つまり、共存共栄というわけ。

ちなみに、ウシの胃腸にも数十種類の微生物がいて、ウシの食べる食べものからタンパク質を取り出してくれています。それも、1立方センチメートルあたり100万個というとんでもない数なのです。

こうした事実は、動物の糞を調べた結果、お腹にいる微生物が、糞と一緒に排泄されることからわかりました。ウンコはお腹からの手紙といいますが、まさにその通りだったのです。

2章

地球の空気は、どうして宇宙に漏れないの？

……オドロキの「自然・地球」雑学

桜はどうして春になると花が咲くのか？

すべての植物の花が春に咲くわけではありません。にもかかわらず、桜は春、東京ではまだ寒さの残っている4月のはじめに必ず咲きます。

どうしてでしょうか。

植物に花を咲かせるのは開花ホルモンという物質です。それが何かの刺激を受けて活動を始め、つぼみに働きかけると花が咲くわけです。では、つぼみはいつできて、どんな刺激を与えられると咲くのでしょうか。

桜の場合、**春に花が散って青葉が出る頃には、もう次のつぼみが葉の陰にできています。**このつぼみの芽は夏の陽に照らされ、秋風に吹かれ、やがて厳しい冬を迎えます。

実はこの冬こそ桜の開花ホルモンにとっては大切な経験なのです。厳しい冬の寒さを通って、春になると再び暖かくなります。

つまり、いったん冷えてから、また暖かくなる――このプロセスを経ると桜の開花ホルモンは始動するのです。

だから、秋口に冬のような寒さが訪れ、その後、春のような暖かさ（小春日和《こはるびより》）になると勘違いして開花してしまう桜も出てくるわけです。これが「狂い咲き」といわれる現象です。

低気圧のところの天気がくずれるのはなぜ？

低気圧は、周囲より気圧が低く空気の軽いところ。ここへは風は反時計まわり（南半球では逆）に吹き込み、押しやられた空気は上空へと昇っていきます。

それに対して、高気圧のほうは空気が重く、風が時計まわりに吹き出すのを補うため、上空から空気が下降してきます。

天候の良い悪いは、この「上昇気流」と大いに関係があります。

上昇気流とは、言い換えれば海面近くから昇る空気のこと。水分をたっぷりと含んでいます。水蒸気は冷やされると凝結して水滴になる性質があるため、上空に達して温度の下がったこの気流の水蒸気も、水滴、つまり雨や雪となるわけです。

一方、高気圧に下降気流が入ってくるときには、海面や地表近くにあった湿った空気が押し出される恰好《かっこう》になります。その結果、高気圧の部分は乾いた空気に満たされて、カラッとした晴天になるというわけです。

梅雨《つゆ》が起こる仕組み、説明できる?

日本に夏を運んでくる南海の温かい空気と、冬のなごりの冷たい空気が伯仲《はくちゅう》して起こる現象。ひと言で言えばこれが梅雨です。

天気図などで「前線」を見ると、なんとなく〝梅雨〟が起きていることがわかりますが、仕組みをいざ説明しようとすると、なかなかできません。

5月下旬ともなると、日本の南海沖には小笠原高気圧から温かくて湿気を含んだ気流が、オホーツク海高気圧からは冷たい気流がやってきます。2つの気流の勢力はほぼ同じ。押し合いせめぎ合うために、はっきりとした境界線ができます。これが梅雨《ばいう》前線で、東西に伸びた形のまま日本列島を北上していきます。

梅雨前線上には、1000キロぐらいの間隔で小さな低気圧が現われて東へと進み、この低気圧が通るとき、前線の北側の約300キロ以内に雨が降るのです。

なお、天気図の梅雨前線は、北側に黒い半円、南側に黒い三角のついている「停滞前線」で表わされています。

台風はいつの間に、あんなに大きくなるの？

大型台風に直撃されると、屋根が吹き飛ばされたり木が根こそぎ倒れたり、かなりの被害を受けます。通り道の国々に被害を出しながら日本までやってきて、まだそれくらいの破壊力を保っているわけですから、元のエネルギーは、それこそ計り知れないように思われます。

ちなみに、**日本台風史上で未曾有《みぞう》の被害をもたらした伊勢湾台風が南の海上にあったときのエネルギーは、水爆180個が同時に爆発したくらいの規模**に相当するというすさまじさです（なんと死者、行方不明者合わせて５０９８人にのぼりました）。

では、このすさまじいエネルギーの元はいったい何なのかというと、海水が太陽に熱せられてできる水蒸気です。

海水１グラムが約60キロカロリーの熱を得ると水蒸気になり、上昇気流に乗って上空に昇ります。上空に昇ると冷やされて、今度はまた水滴に変わります。このときには、１グラムにつき約５８０キロカロリーの熱を放出します。

この熱で周りの空気を温め、空気はさらに上昇して、頂上から四方に噴き出します。噴き出す力はだんだん強くなり、地球の自転も影響して地表に近いところでは渦《うず》が起こり、その速度を増していきます。そして、中心の風速が17メートルを超えると「台風」になります。

このようにして、台風は次第にエネルギーを蓄えていくのです。

「水→水蒸気→水」と変化するときに出るエネルギーが、台風のエネルギーだったのです。

現在、地球の平均気温は上昇傾向にあり、地球全体が温暖化しています。すると当然、海水温も上がり、台風が大型化するだろうといわれています。

地球の温暖化は、単に気温が上昇するだけでなく、さまざまな気象現象を誘発するようです。

どうして台風には目があるの？

衛星写真で台風を見ると、真ん中に雲もなく晴れた部分（目）があります。

台風は中心にいくほど風が強くなるのに、どうして真ん中だけ風がやんで晴れるのでしょう。

台風は中心ほど気圧が高いので、周りの空気が反時計回りに中心に向かって吹き込みます。

そのために中心に近づくほど風が強くなるのですが、中心近くではあまり風が強く回転するので、外側に向かう遠心力も強くなります。

両方の力がつり合ったところから内側には風は吹き込むことができず、その周りをグルグル回るわけです。そこで、この内側は晴れて台風の目になるのです。

ヒマワリ（日まわり）の名に込められた本当の意味は？

夏の光を浴びて輝く姿が印象的だからか、円形に広がった大きな黄色い花が太陽を思わせるからか、ヒマワリは夏のシンボル的存在。

「太陽の動きを追って花が回るから、日まわり」、などという名前の由来にも、納得しそうになるのですが……。

実際には、**花の首が動いたり回ったりすることはありません。**

ヒマワリの花はたいてい東向きに咲き、建物や高い木などで東からの光がさえぎられている場合には、日当たりのよい方角を向きます。いずれにしても、開花したものは一定の向きを保ち、太陽に従って東から西へと首を回すことなどありません。

ところが花が咲く前、まだ若い芽生えの時期には、茎の先端部が太陽の動きを追って東から西へと首を振るのです。

もちろん、最初は真上を向いて2枚の葉が開くのですが、そこに斜め上から日が当たると、光が来た方向とは反対側の葉がより多くの光を受けることになります。そして、多量の成長促進ホルモンをつくります。このホルモンは葉から茎へと送られますが、右の葉からは茎の右側へ、左の葉からは茎の左側へと送られるため、成長の速さも右側と左側では違ってきます。

多量の光で多量の成長促進ホルモンをつくった側はよく伸びて、その結果、茎全体が太陽のほうへと曲がります。その後はそのままの形で、朝は東、夕方は西へと顔を動かしていきます。

これは、葉に均等に光を与え、茎の両側の成長スピードを合わせるためと考えられます。

こうして首振りをしていたヒマワリも、黄色い花弁が出始めると、徐々に振り幅を小さくして、開花した頃には東（または明るい方向）を向いたまま動かなくなるのです。

つまり「日まわり」しているのは、花が完全に開くまでの若い頃だけ。ヒマワリと名づけた人は、この時期の動きを見たのでしょうか。

竹は「木」か「草」か、それとも……？

竹は木でも草でもありません。竹は竹です。

あえて分類すれば、稲やススキの仲間ということになりますが、やはり竹は竹です。

茎の部分がいったん地上に出てしまうと、樹木のようには年々太くなっていかないところが稲やススキとの共通点。植物学的にいうと、これらは単子葉《たんしよう》植物ということになります。

竹はきわめて利用価値の高い植物です。まず、タケノコはアジアのどこの国でも食用にしていますし、節から取れる無水珪酸《むすいけいさん》は漢方薬として利用されています。幹はそのままでも筒や花瓶として利用できますし、割って加工すれば籠《かご》、敷物、細工ものと何にでもできます。

竹の伸びる速度はきわめて早く、とくに熱帯地方では顕著ですが、**1日で50センチも伸びたという記録もある**くらいです。

竹は普通の植物と違って、春に古い葉が黄ばんでハラハラ落ち、秋にほかの植物が紅葉する頃、つやつやとした緑色の葉を輝かせます。そのちぐはぐ加減が面白いというので、前者は「竹の秋」、後者は「竹の春」といって俳句の季語になっています。

笹と竹、どうやって見分けるの？

高いのが竹で、低いのが笹。あるいは、竹林をつくるのが竹で、草原をつくるのが笹。大ざっぱにいって、これが竹と笹のいちばん大きな違いです。

竹は、溜まり水でなく、〝動いている水〟を好むので、川岸に生育することが多く、笹は亜《あ》高山《こうざん》帯にも生育し、阿蘇山のネザサのように放牧地の牧草になることも。

しかし笹の中でも、背が高く川沿いに大きな藪をつくる種類があるので、見分けるのはなかなかやっかいです。竹と笹の、開花や結実の違いからも見分けられます。笹が開花して実をつけるのは数十年に1度、**竹が開花するのは100年に1度ぐらいで、実はめったにつけない**のです。でもこれでは、何年も待たなければ見分けられません。

いちばん手っ取り早いのは、「皮」を見ることです。皮が早く落ちてしまうのが竹、いつまでもくっついているのが筐ということになります。

湖の透明度はどうやって測る？

北海道の摩周湖《ましゅう》やロシアのバイカル湖といえば、透明度が高いことで有名です。今ではどちらも落ちてきているとはいえ、**かつては摩周湖が41・6メートル、バイカル湖が40・5メートルを記録した**ことがありました。

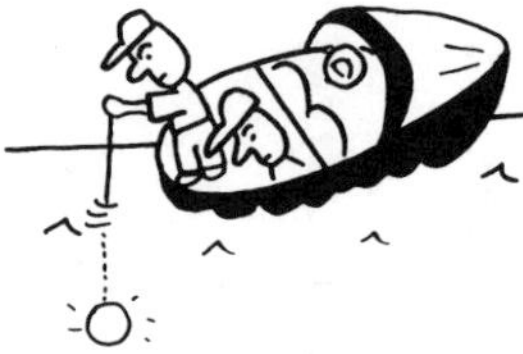

一般に、栄養に富んでいてプランクトンなどの微生物が多いところは透明度が低く、その逆の場合は透明度が高くなっています。摩周湖やバイカル湖は、微生物が少ないために湖水が澄んでいるというわけです。

ところで、この透明度の計り方は、知ってしまえば実にシンプルな方法です。

道具は1つ、セッキー板という直径約30センチの白い円板だけ。これを水面と平行に保ったまま、静かに沈めていきます。そしてこの円板を、観測者が湖上から肉眼で見えなくなった深さが、すなわち透明度の数値。水深41メートルで見えなくなったら、透明度41メートルという具合です。

何とも原始的な計測法に思えますが、海の透明度もこれで測るのだとか。海で最も透明度が高かった記録は、北大西洋のサルガッソー海の66・5メートルだそうです。湖よりも海のほうが透明だとは、ちょっと意外です。

コケはなぜ、湿ったところにしか生えない？

和風庭園には欠かせないコケ。一応植物ではあるのですが、一般に見慣れている木や草とはだいぶ性質が違います。

葉と茎、あるいは葉と枝の区別がありませんし、花も咲かなければ、実も結びません。でも、いちばん大きな違いはといえば、**「水を運ぶための組織」を持っていない**ことでしょう。

そのため、極細の糸のような「仮根《かこん》」から簡単に水を補給できるよう、ジメジメとした場所に生えるのです。

強い日差しも、コケにとっては手強い相手です。仮根をおろした土や岩や樹皮が湿気を失うと、コケ自身も乾燥してしまいます。とはいえ、再生力は強く、水分さえ与えられれば、すぐにつややかな緑に戻ります。

露で潤《うるお》ったコケは美しいもの。お寺などでコケを庭園美の一種に仕立てるよう工夫しているのも、湿気の多い日本ならではのセンスでしょう。

森の空気が「おいしい」と感じるのはなぜ？

自動車と人であふれ返る都会を離れて、森へ入ると空気がおいしく感じられます。

実はこれ、気のせいではなく、空気に含まれる成分の点から科学的に説明できることなのです。

まず、植物の呼吸を思い出してみてください。草や木は、二酸化炭素や窒素酸化物などの微量成分を吸って、酸素を吐き出します。ということは、森には酸素が多い。それに対して都会では、自動車や工場、人間の吐き出した二酸化炭素をはじめ、一酸化炭素、亜硫酸ガス、窒素酸化物などが、かなり多いのです。

これらの成分が「まずい」というわけではないのですが、酸素が少ないのは問題です。倒れた人が酸素吸入で回復する例からもわかる通り、酸素は神経の働きを安定させ、酸素が体内の各器官に運ばれることによって体が順調に機能するからです。

つまり、**酸素の含有量だけで比べても、都会より森のほうが神経も器官も安定する、**ということになります。

加えて、「フィトンチッド」という物質も、森の空気が人に安らぎを与える要因。これは植物が吐き出す物質の一つで、微生物を殺したり精神を安定させたりする作用のあることが確認されています。

最近ではクアハウス（温泉保養施設）などで人工的に森林浴のできる施設もつくられていますが、そうした施設でも、フィトンチッドを空気中に流しているところが多いようです。

どうして六甲《ろっこう》の水はあんなにおいしいの？

果実を発酵させてつくるワインや蒸留してつくるウイスキーと違って、日本酒は米と水だけでつくる醸造酒。米と水のおいしさが、酒の味を左右します。つまり、酒どころとして有名な灘《なだ》（兵庫県）や伏見《ふしみ》（京都府）は、おいしい地下水が湧き出る所だったのです。

灘の西宮《にしのみや》の海岸から少し離れたところにある、深さ5～6メートルの浅井戸に湧く水は、**六甲山の花崗岩《かこうがん》の間を通り抜けた水と、近くの夙川《しゅくがわ》の伏流《ふくりゅう》水、それに塩分を含んだ海水がバランスよく混ざり合っています。**

六甲からくる水はたくさんの鉄分を含んでいて、酸素を含んだ夙川の伏流水によって酸化され、地層に含まれる貝殻の層を抜ける間に酸化鉄が除去されます。また、六甲山のリン灰石には、リン酸やカリウムが含まれていて、それが酒づくりの酵母《こうぼ》の養分となります。

さらにほどよい塩分も、酒づくりには欠かせません。もともとおいしい六甲の水が、地下水として西宮の浅井戸に湧くまでに、酒に適した水に変わるのです。一方、伏見の地下水もカリウムが多く、カルシウムや塩素もほどよく含まれています。

88パーセントが水分の豆腐も、味の決め手は水。特に冷奴や湯豆腐のおいしさは、水で決まるといってもいいでしょう。おいしい豆腐をつくるといわれる評判の豆腐屋さんは、水にもこだわっているのです。

しかし、残念ながら銘酒といわれた酒の味も年々まずくなっているとか。

今や本当においしいものに巡り合うのが難しい時代になってきたようです。

なぜ、惑星はピカピカと瞬《またた》かないのか

恒星と、火星や木星などの惑星を見分けるには、瞬くか瞬かないかを見るとよいといわれます。恒星は遠い星なので瞬くけれど、惑星は近くにあるから瞬かないといわ

れます。では、恒星の光は瞬きながら宇宙空間を飛んでくるのでしょうか。

それは違います。**恒星の光が瞬くのは、地球の大気に入ってからのこと**です。

地球の大気は、全体が均質になっていません。濃いところもあれば薄いところもあります。

また、上昇気流があるところもあります。そのために、光は屈折したりムラになったりしますし、空気の変化によって時間的に変わります。それで、恒星は瞬くように見えるのです。

では、なぜ惑星のほうは瞬かないのでしょう。

恒星の光は、遠く離れたところから来るために平行光線になっており、この光線が大気の変化を受けやすいので瞬きます。

一方、惑星のほうは、肉眼で大きく見えるというほどではなくても、電灯の光のように広がる角度をもっています。そのため、光が大気で乱されても打ち消されてしまって、瞬かないのです（ただ、大気中に激しい乱気流があるときには、惑星の光も瞬いて見えることがあります）。

地球の大気はどうして宇宙に漏れないの？

大気には「ふた」がありません。それなのに、どうして宇宙空間へ飛んでいってしまわないのでしょう。

「そんなの簡単、地球に重力があるからさ」というのは間違いです。月にも水星にも、重力はあります。でも月の大気も水星の大気も、とっくの昔に宇宙空間に飛散してしまって現在はありません。ということになると、地球もそのうちに大気がなくなってしまうのでしょうか。

大気は、いろいろな気体が集まってできています。気体の分子は互いに衝突し合いながら飛び回っていて、その速度は分子の重さによって違いますが、温度が高くなればなるほど速くなります。

一方、地球上のあらゆるものは、重力で引っ張られています。しかし、重力は地球上のどこでも一定というわけではありません。

重力は、地球の中心からの距離の2乗に反比例します。だから、上に昇れば昇るほど重力は小さくなります。したがって、上空で**気体分子が重力以上の推進力をもてれば、地球の重力圏外に飛び出せます。**ちなみにロケットは、この推進力を利用して地球の外に飛び出します。

地球の場合、重力圏外に飛び出すための速度は秒速11・2キロメートルですが、地球の温度くらいでは、ほとんどの気体の分子はこの速度を超えられません。そのため、大気は地球の周りから逃げ出さずにいるのです。

だから、地球に大気があるのは、「重力と温度のバランスがちょうどいいため」ということになります。

水星は、太陽に近いために温度も高いし、小さい星なので重力も小さく、そのために、大気がなくなってしまいました。逆に木星は、太陽から離れていて温度が低いうえに大きな星なので、厚い大気に覆われているのです。

天の川はどこにある？

地球や太陽が属する銀河系は、全体像を見ると巨大な円盤状になっています。

この円盤は、上から見ると中央に星がぎっしり密集し、外側に向かうにつれて、渦巻きを描きながら星がまばらになっていきます。横から見ると、中央がふっくらして、ちょうど凸レンズのような形です。

地球が属する太陽系があるのは、この円盤の中心から約３万光年離れたところ。円盤の半径は約５万光年ですから、比較的円盤の外側に近いところにあることになります。

そして、円盤の中央部、つまり、上から見た場合の星が密集した部分（横から見た場合の凸レンズのふくらみのあたりの星の集団）が、私たちが「天の川」と呼んでいるものなのです。

これらの星は自ら微光を放っている恒星で、その数は数億ともいわれますが、人の目に光が届くのは６等星以上で南北両半球を合わせて６千個ぐらい。

地球からは平面的で帯状に見えますが、実際は立体的な集団で、厚さは１万から１万５０００光年にもなります。

低い空にある月はどうして赤っぽく見える？

月は普通、空の上のほうにあるときは青白く輝いていますが、西の空や東の空の低いところにあるときには、黄色や赤っぽい色に見えることがあります。

これは、空気中のちりや水蒸気によって太陽光線の青い光が散乱してしまい、赤に近い色の光だけが残るからです。もちろん、月が上空に見えるときにもちりや水蒸気はありますが、月が近くにあるので通ってくる空気の層が薄く、それほど強い散乱は起こりません。

しかし、月が東や西の空に見えるときには、かなり遠くにあります。**日本で月が西の地平線上に見えるときには、マダガスカル島（アフリカ大陸南東に位置する島）の上空**にあります。ですから、光が通過してくる空気の層が非常に厚くなり、青い光は散乱してしまうため、黄色や赤っぽい色になるのです。

大気中に大量のちりや水蒸気が含まれているときには、高く上った月でも黄色っぽく見えることがあります。月の色で、大気の汚染状態がわかるかもしれません。毎日、注意深く見てみてはいかがですか。

七夕の星（織女《しょくじょ》、牽牛《けんぎゅう》）は地球からこんなに遠い！

７月７日は七夕。天帝を怒らせてしまった牽牛と織女が、年１回だけ会うことを許されている日です。

七夕伝説は奈良時代に中国から入ってきたともいわれますが、それ以前の６９１年、持統《じとう》天皇の時代にも、後の七夕祭りに通じる行事はあったようです。日本にもともとあった民間信仰と中国の伝説が結びつき、七夕祭りが生まれたということでしょう。

さて、牽牛と織女は天の川を挟んで別れ別れになっていますが、天体図を見ると、この2つの星は、アルタイル星とベガ星と名づけられています。

アルタイルはわし座に属し、地球からの距離は16光年。ベガはこと座に属し、25光年。光が1年間に進む距離が1光年ですから、私たちが目にする牽牛や織女の光は、それぞれ16年前、25年前に放たれたことになります。これだけではちょっとピンとこないので、ふだん使っている単位に直してみましょう。１光年が10兆キロ弱なので、**牽牛と地球間の距離は約１６０兆キロ、織女の場合は２４０兆キロ**にもなります。

天の川にいて牽牛と織女を会わせる鵲《かささぎ》は、星座でいえば白鳥座。川に橋を渡すような恰好で羽根を広げています。地球からの距離は11光年、約１０４兆キロ。天体望遠鏡で見るとわかりますが、赤、白、青などの色を放つ網状の星雲になっています。この星雲は、約５万年前に星の爆発によって吹き飛ばされた破片が球状に広がったもので、広がった距離はなんと直径５００兆キロ。今でも広がり続けており、そのスピードはなんと秒速１００キロにもなります。

それにしても、牽牛も織女も鵲も、気の遠くなりそうなはるかかなた。七夕祭りでは願いごとを書いた短冊を笹に下げたりしますが、こんなに遠くては、簡単には星に願いは届きそうもありません。

水には〝不思議〟がいっぱい溶け込んでいる！

「流れる水は腐らない」とは中国のことわざ。

10を超える学位を持つという科学者ライアル・ワトソンは、著書『アースワークス』（筑摩書房）の中で**「水はあらゆる法則を裏切る」**と書いていますが、確かに、水はこの地球上で最もミステリアスな物質といっていいでしょう。

まず彼が挙げているのは、どの物質も温度が下がれば容積は小さくなって密度が増すのに、水だけは違うという点です。４度までは、確かに水も容積が小さくなり、密度も高くなります。しかし、それ以下になると逆に容積が増えて密度が低くなる――これは、寒くなると昔は水道管が破裂したり、氷が水に浮くことを見ればわかります。

また、物質の沸点や凝固点は分子量に比例して決まるものですが、水はそうではないことも不思議な点です。この法則でいくと、水の沸点はマイナス90度、凝固点はマイナス１００度になるはずですが、実際は１００度で沸騰し、０度で凍るのはご存じの通りです。

普通、物質は温度を１度上げるのに要する熱量が一定しているのに、水の場合、水温が35～40度のときは温まりやすく、熱量が少なくてすむという性質もあります。

さらに、**金属まで溶かすほどの溶解力を持つ**こと、**酸にもアルカリにもなれる**数少ない物質の一つであることも、水の特性として挙げられています。

どうして水がこのような奇妙な性質を持っているかというと、H_2Oという分子の構造が、非常に結合力が強い（水素の結合力の強さによります）と同時に不安定であるという、大変に特殊な性格を持っているため、と説明されています。

その結合力の強さを示すのが、表面張力や毛細管現象（細い管状のものの内側を上昇していく現象）です。

誰かに話したくなる「水の秘密」の話

水がこうして物質の法則に逆らう性質を持っていることは、考えてみれば、生命にとってはあらゆる面で非常に好都合です。

冬、池や湖が一面に凍ったところを思い浮かべてください。水と水面の間に空気層ができています。これは、凍って軽くなった（密度が下がった）氷が、さらに冷えて体積を増したため、より安定した位置を求めてせり上がるように持ち上がったことによります。

この空気層は、池や湖に棲む生物にとって、どういう意味を持つのでしょうか。

密閉された空気は、優れた断熱効果を持っていて、これによって水温が奪われるのを防いでくれます。水中の生物が冬でも生き延びられるのは、まさにそのおかげ。**水は、池や湖の生物を守るシェルターの役割を果たしている**のです。

沸点、凝固点がマイナス90度とマイナス100度であったなら、生物の体内も含めて、この空気中には液体の水は存在できなくなってしまいます。生物自体があり得ないわけです。

35度から40度の間が温まりやすいということは、内温性の動物（恒温動物）の体温がほとんどこの範囲であることと、大きな関係があります。これによって、活動に必要なカロリーの効率を高めて、環境適応力をもたらしているのです。

水が強い溶解力を持ち、化学反応に対しても不活性な物質ではないという性質を持つことは、水が栄養分の重要な媒体であることを考えればおわかりでしょう。血液や液体も、水にこの性質がなければ存在し得ないわけです。

そして結合力の強さ。大地に潤いを与えているのは、まさに水に毛細管現象があるからです。高さ何十メートルという大木が生きていけるのも、同じです。葉が水分を蒸発させたときの減圧効果などの働きもあるでしょうが、基本的には毛細管現象によって、水がそんな高いところまで昇っていくからなのです。

もちろん、私たちの体内でも毛細管現象は重要な働きをしています。

こう見てくると、水があったから生命が生まれたのか、生命のために水がつくられたのか、わからなくなってきます。

雨粒って本当はどんな形をしている?

漫画では、雨粒の形というと上下に長いとんがったドングリ形をしています。水道水の水滴とか葉からこぼれ落ちる露とかはみんなそういう形をしているので、雨粒もそんな形だと思うでしょう。

実は違うのです。高速撮影写真で見ると、アンパンのように上下がつぶれた形をしているのです。これは、落下してくるときに、下からの空気の抵抗を受けてつぶれるからです。

なぜクロユリにはハエが寄ってくる？

高山の草原に咲くミステリアスな黒い花、クロユリ。かつては「恋の花」と歌われたほど、ロマンチックなイメージのある花です。

こんな魅惑的なクロユリですから、さぞかしいいにおいがするだろうと思いきや、そのにおいたるや、思わず鼻をつまみたくなるような大変な悪臭なのです。そのため、**花粉を求めてやってくる昆虫が、ハチではなくハエ**というのもうなずけます。

クロユリは、自分の姿が黒くて目立たないために、ハチたちが自分のもとにはやってこないだろうと考え、わざと悪臭を発して、花に誘う昆虫をハエに絞ったのではないでしょうか。種を保存していくために考えた、クロユリの苦肉の策だったのかもしれません。

「腐った魚」のにおいがする花がある⁉

前述のクロユリもそうですが、花はどれもいい香りだと思っていたら、とんだ認識不足です。

花屋で売っている花や観賞用の鉢植え、花壇の花ばかりに接していると、花はすべて美しくかぐわしいものと思いがち。でも、野生の花は美しく飾り立てていないどころか、悪臭を放つこともあるのです。そんな花をもう少し紹介しましょう。

サトイモ科の一種のある花（ショクダイオオコンニャク）は、**色が「肝臓」そっくりで、においは「腐った魚」にそっくり**です。ハエが卵を産みつけるというのですから、そのにおいのほども想像できます。

また、「雄ヤギ」のにおいのするランもあるとか。

「花のようないい香り」などというたとえは、陳腐さを差し引いてもうっかり使えそうもありません。

イエロー・スカンク・キャベジってどんな植物？

「臭い話」のついでに、もう一つ。

イエロー・スカンク・キャベジという植物があります。今にもにおってきそうなこの名前。アメリカに分布する植物で、もちろんその臭気から名づけられました。

外見的な特徴は、黄色い包葉《ほうよう》に包まれて、1本の太い軸がすっと伸びていること。包葉は1枚の大きな花びらにも見えるのですが、これはあくまでも葉。本当の花は4～5ミリの小ささで、軸のまわりにたくさんついています。

ここまで書けば、わかる人はわかる。そう、イエロー・スカンク・キャベジはミズバショウの仲間なのです。

名づけ方の発想の違いには驚きますが、**ミズバショウの種類は確かに臭い。**花（に見えるだけで実は包葉）が開いているときは美しいのですが、花期が終わった頃に根を掘ってみると、強烈な悪臭を放ちます。においのもとは、ハイドロキシトリプタミンという成分。スカンクと呼ばれても文句は言えません。

尾瀬のミズバショウをうたった詩人は、はたしてこのことを知っていたでしょうか。

土の中の知られざる弱肉強食の世界！

土の中に棲む動物といえば、まず思い出すのがミミズ。そのほか、ムカデやイトミミズ、モグラ、アリ、セミの幼虫といったところでしょうか。でも、実は何百という種類が土の中で暮らしていて、それも、ものすごい数がひしめいているのです。

志賀高原の原生林の土を1メートル四方の四角に切って、深さ15センチまで調べたところ、2センチ以上のミミズやムカデなど、体の大きい動物が360匹。小さい2ミリ以下のトビムシ、ダニ、イトミミズなどは203万匹。さらに**小さい微生物になると、10兆匹以上もいた**といいますから驚きです。

これだけいるのですから、土の中でも、弱肉強食の世界が展開されているのは当然です。

ミミズやワラジムシやダンゴムシが落葉を食べ、その死体をクモやカニムシが食べる。ムカデがこれらの動物を食べ、ムカデはヘビに食べられる。

そして、この動物たちの死体は、土の中のバクテリアがバラバラに分解して土に返し、常にバランスが保たれているのです。

冬、松の木にワラを巻く意外な理由

冬、神社や公園などで、松の木の幹にワラが巻きつけられているのを見かけます。ワラの幅は50センチ足らずと半端で、防寒用にしてはあまり効果があるとは思えません。

では、何のためかというと、これは松の葉を食い荒らすマツカレハの幼虫マツケムシを捕えるためのものなのです。

マツケムシは、暖かい季節には松の枝にいますが、寒くなると下におりてきて、木の葉の下などに潜り込んで越冬する習性があ

ります。

このワラはその習性の裏をかいたもので、下におりてくる途中にこうして越冬用のねぐらをつくってやれば、マツケムシは「これ幸い」と潜り込むはず。そうしてたくさんもぐり込ませておいて、まだムシたちが動き出さない、暖かくなる寸前に取り外して、焼却してしまうという**マツケムシ一網打尽策**なのです。

葉っぱはどうやって「光」を「栄養」に変えるの？

植物が緑色なのは葉緑素があるためですが、葉緑素は光合成で重要な働きをします。太陽の光を受けると、葉緑素から電子が飛び出します。飛び出した電子はすぐに、元の場所に戻ろうとして動き回ります。エネルギーを受け取った葉緑素は、そのエネルギーを隣の葉緑素に伝え、隣はまたその隣に伝えます。そのスピードは大変速く、1000億分の1秒ということもあるとか。

こうして葉緑素は、光が当たると、当たる前よりも大きなエネルギーを持ち、それによって**太陽光エネルギーを葉緑素のエネルギーに変える**のです。

そして最後に、核になる葉緑素にエネルギー全部が集められ、光合成をする物質に変身するのです。つまり、葉緑素の働きで光が葉の中に閉じ込められるわけです。

葉緑体の中には、こうしてできた葉緑素がぎっしり詰まっています。葉緑体は１個の大きさが１ミリの２００分の１、つまり５ミクロンくらい。植物の葉はたくさんの細胞が集まってできていますが、１つの細胞には50～２００個もの葉緑体が含まれているのです。

つまり、葉緑素の働きで、葉っぱには光エネルギーがたくさん詰まっているというわけです。

水・栄養・空気だけで、なぜ巨大な樹木ができる？

太陽エネルギーを蓄えた葉緑体の仕事は、木の成分をつくること。

その材料は、根から吸い上げてきた水と、土の中の細かな成分と空気だけ。こんな単純なものから、気の遠くなるような作業を繰り返して、デンプンやセルロース、タンパク質をつくるのです。ただ口から取り込んで消化するだけの動物とは大違い。

まず最初につくられるのがブドウ糖。**水と空気中の二酸化炭素という単純な材料と、蓄えられた太陽エネルギーで、ブドウ糖という複雑なものがつくられます。**このとき、大量に吐き出されるのが酸素です。

でき上がったブドウ糖の多くは、また太陽エネルギーを使ってつなぎ合わされ、植物の体の大半をつくっているデンプンやセルロースになります。デンプンはブドウ糖が300～1000個も集まったもので、このデンプンがたくさん集まってようやく1粒のデンプン粉になるのです。セルロースは何十万個という数のブドウ糖が結びついたもので、植物の細胞の壁の材料になります。

こうして、光合成というとてつもなく膨大な作業の繰り返しによってできた物質は、植物の体になるばかりでなく、水を吸い上げたり、葉を太陽の方向に向かせたりと、植物が生きるためのあらゆるエネルギー源として使われるのです。

日照りが続いても、なぜ木は枯れないの？

大きな木は、1カ月くらい雨が降らなくても枯れません。草だって1週間くらいなら何とか生き延びられます。しかし、植物は水なしでは1日たりとて生きてはいけないはず。では雨が降っていないとき、その水はどこからとってくるのでしょうか？

水には、細い隙間を上る毛細管現象があるのは前述の通り。土の中でもこの現象が起きています。土には狭い隙間が無数に開いています。この**土の中の隙間を、地下に溜まっていた水が上っていき、土の湿り気を保っている**のです。この水のことを毛管水といいます。

日照りが続いて、土の表面近くが乾いても、少し下の層には毛管水が上ってきているので、植物は、毛管水を吸って育っているのです。特に大きな木は地下1～2メートルまで根を張っていて、たくさんの毛管水を吸収することができるのです。

つまり、狭い隙間のたくさんある土ほど毛管水をたくさん保っていて、植物がよく育つ水持ちのいい土ということになるのです。

食虫植物はなぜ虫を食べないといけないの？

尾瀬ヶ原などの高層湿原地帯には、ムシトリスミレ、モウセンゴケ、イシモチソウといった食虫植物が生えています。食虫植物というと、バリバリと虫を貪《むさぼ》り食っているイメージがありますが、根からは水分を吸収し、葉ではデンプンが合成されていて、普通の植物と何ら変わるところはないのです。では、なぜ、これらの草は虫を食べる必要があるのでしょうか。

高層湿原地帯は、水は豊富にあっても水温が低く、水中のバクテリアも少ししかいません。落葉が水中に沈んでも、それを分解するバクテリアが少なければ、そのまま堆積して厚い層をつくり、長い年月の間に泥炭に変わってしまいます。

つまり、高層湿原の底は泥炭《でいたん》なので、植物が水の底の泥から吸収した物質は、水や泥に還元されることがないのです。そのため、**このあたりの植物は常に栄養が不足していて、その不足**

分を補うために虫を食べているというわけです。

とはいえ、虫を食べるといっても、動物のように口があるわけではなく、葉や花から出る粘液に虫を付着させているだけです。花の蜜を吸いにきた虫の足や羽がくっつくと、その重みで葉が曲がり、虫を取り囲むように包み込みます。すると、消化液が出てきて、少しずつ虫の体を分解し、吸収していくのです。

外国には、バッタやカブトムシまで食べてしまうものもいますが、日本の食虫植物は、どんなに大きくてもアカトンボくらいが限界です。

太陽の「黒点」って、いったい何？

太陽の表面には、黒いシミのような黒点ができますが、ここには非常に強い磁場ができています。**黒点が増えると、１億５０００万キロメートル離れた地球の磁場が乱れ、ひどいときには磁気嵐になります**から、相当強い磁場であることがわかります。

黒点はほとんどが、Ｎ極とＳ極の２つがペアになっています。どうして太陽の表面には、このような強い磁極ができたり、消えたりするのでしょう。

太陽の内部では、表面に近いところでガスが赤道に平行に対流していますが、この対流に沿って磁力線ができます。この、磁力線の束の一部が上に上がって、太陽の表面に出たのが黒点です。ペアになった黒点では、磁力線が一つの黒点から出て、もう一方の黒点に入っているので、一つがN極、もう一方がS極になります。

黒点の部分は、まわりより温度が低くなっています。強い磁場のせいで、この部分だけガスの対流が妨げられているからです。太陽活動は11年周期で活発になったり穏やかになったりしますが、黒点は、太陽活動が活発になったときに多く現われます。

地球がどうやってできたか、説明できますか？

地球が誕生したのは46億年前。それも、直径10キロほどの微惑星がガンガンぶつかり合って融合し、惑星に成長したという、何とも荒っぽい生い立ちだったようです。

大きくなればなるほど引力が増し、微惑星の衝突速度もどんどん速くなって大衝突を繰り返します。そうなると地表は一瞬のうちに溶け、地表をマグマが覆い始めます。それでも隕石の衝突は続き、やがて原始地球全体がマグマ・オーシャン（マグマの海）で覆われ、その深さは５００キロメートル、地表の気温は千数百度にも上ったといいます。

大気ができたのは、地球が今の5分の1の半径になった頃。微惑星が衝突して溶けるときに、最も軽い気体が蒸発してできたものでした。

大気の成分も、今とはまったく違っていました。水蒸気が多く、ついで二酸化炭素、そして塩酸ガスや窒素なども含まれていたのです。意外に思うかもしれませんが、微惑星の中には、大量の水を含むものがあったので、水蒸気が発生したのです。

今と決定的に違うのは、**大気の中に酸素が含まれていなかった**こと。そして、今、地球の温度を上げる原因として問題になっている二酸化炭素が、なんと現在の20万倍近い量も含まれていたことです。

やがて、水蒸気は雨となって取り除かれ、二酸化炭素が太古の大気の主成分となるのです。

最初の生命はどこからやってきたのか？

微惑星の衝突が収まったとき、ようやくマグマ・オーシャンも冷え始めました。

地表の温度が300度になったとき、原始の大気中にあった膨大な量の水蒸気が雨となって次々に降り始め、地上は大洪水で荒れ狂いました。やがて池ができ、湖となり、**原始の海が誕生。といっても、150度近い高温で強い塩酸を含んだ海です。**

そして、地表からナトリウムやカリウム、アルミニウム、鉄などが溶け込んで中性になり、大気中の二酸化炭素が溶けて、生命が誕生する頃には、現在の海水に近い成分になっていったようです。最初の生命が誕生したのは、この海の中でした。

生命の素材であるアミノ酸がどこから来たかは、「深海の熱水噴射孔でメタンやアンモニアが吹き出して合成された」という説や、「宇宙からの隕石の中にメタンやアンモニアがあり、それが合成された」という説などがあります。いずれにしても海の中で化学反応が起こって、つくっては壊れ、またつくっては壊れを繰り返してできたのではないかといわれています。

最初の生命は非常に単純な細胞の微生物で、現在の一般的な生物とは根本的に違う生き方をしていました。つまり、まだ酸素のない世界で、**発酵という手段でエネルギーを獲得する生き方**でした。その時期は、地球が誕生してから数億年しか経っていない38億年前か、それよりさらに古い40億年前ではないかと推定されています。

石炭紀の動植物は、なぜ巨大なの？

今から3億5０００万年前、「石炭紀」といわれる時代は、巨木が林立するだけでなく、動物も大物揃い。**体長15センチを超えるゴキブリ**が這い回り、**羽を広げると60センチにもなる大型トンボ**がブンブン飛び交っていました。そんなところに人間がタイムスリップしたら、巨人の国に迷い込んだと思ってしまいます。

なぜ、これほど大きくなったかといえば、気候が高温多湿だったため。では、なぜ高温多湿だったのかといえば、大気中の二酸

化炭素の温室効果によるものです。二酸化炭素が、宇宙へ逃げようとする熱を吸収していたのです。

石炭紀の二酸化炭素の量は今の10倍。地球表面の平均温度は現在15度ですが、当時は25～26度だったといわれています。おかげで、1年中高温で、湿度が高い状態が続きました。生物が続々誕生している時期で、最も暑かった時代だといわれています。

ところで、二酸化炭素が多かったということは、植物にとってはとてもありがたいことでした。何しろ、二酸化炭素は光合成にはなくてはならないもの。まさに、植物のごちそうが豊富にあったおかげで、どんどん生長していったのです。

花粉はこんなに人間の役に立つ！

アレルギー体質の人にとっては厄介な花粉ですが、ある面では非常に人間の役に立っています。花粉を包んでいる硬い膜は大変腐りにくく、たとえ土の中で1億年以上埋もれていたって、その姿は変わりません。また、花粉の表面には植物の種類ごとに異なる形の模様がついているので、その模様を調べれば何の植物の花粉であるかがわかるのです。

さて、イラクのシャニダール洞窟を調査していたコロンビア大学のソレッキらは、約6万年前のものと思われるネアンデルタール人の骨を発見しました。そして、この骨の周囲に花粉が落ちているのに気づいたのです。暗い洞窟の中に植物が生えていたはずはなく、**どうやらネアンデルタール人は花が好きで、死者に花束を捧げていたのではないか**とソレッキらは考えました。

このように、花粉を調べることは、人類の歴史や大昔の気象の研究に役立つだけでなく、石油などの地下資源を発見する手掛かりにもなっています。

オゾン層って、いったいどこにあるの？

フロンガスによるオゾン層の破壊が問題になっていますが、そもそもこのオゾン層って、いったいどこにあるのでしょう。

地面より上の空気のあるところ、つまり大気圏はいくつかの層に分かれています。

いちばん下の高度約10キロメートルから地面までが「対流圏《たいりゅうけん》」。その名の通り、地面近くで空気が温められるため空気が常に対流して、さまざまな気象現象を起こす所。

その上の、高度約10キロメートルから50キロメートルの間が「成層圏《せいそうけん》」、さらに「中間圏」「熱圏《ねつけん》」と、高度500キロメートルくらいまで大気圏が広がっています。

ちなみに、**飛行機が飛ぶのは高度8キロメートル地点。**

オゾン層があるのは、高度20～30キロメートル地点の成層圏内。ここは、太陽から強いエネルギーを持つ紫外線が降り注いでいる所です。大気中の酸素は2つの酸素原子がくっついてできていますが、紫外線を吸収すると2個の酸素原子に分かれてしまいます。そのバラバラになった酸素原子が3個くっついてできたのがオゾンで、オゾン濃度が高い層をオゾン層といいます。

しかし、こうした紫外線の働きによって、なぜ空気中の酸素は全部オゾンにならないのでしょうか。それは、オゾンが紫外線を吸収すれば再び酸素原子に分解されてしまうからです。

まだ疑問は続きます。ではなぜオゾン層ができるのかといえば、酸素からオゾンができるのと、オゾンが分解されて酸素になるのとが、うまく釣り合って、ある一定のオゾン濃度が保たれているためです。このオゾン層によって生物に有害な紫外線がカットされ、地上にはほとんど到達しません。まさに絶妙なバランスというわけです。

私たちがのんきに食事をしたり眠ったりしている間にも、大気の上空では酸素が生物に有害な紫外線と戦ってくれています。呼吸をはじめとして、私たちは徹底的に酸素のお世話になっているのです。

「潮の流れ」はどうして起こるの？

かつて海流は、海水の濃度の差から起こるとされていたそうです。確かに濃度の差からも説明できないことはないのですが、現在の主流の考え方はちょっと違います。

それは、潮の流れにとって**空気の動きから受ける影響が最も大きい**、との考えです。

空気の動きといっても、もちろんちょっとした風などではなく、動く範囲も広くて永続的に吹いている風、つまり恒風《こうふう》です。たとえば、太平洋の北赤道海流から日本海流（黒潮）へとつながる暖流を例に取ってみましょう。

赤道付近では、温められた空気が、上昇気流となって常に立ち昇っています。海面近く、あるいは地表近くの空気が上昇してしまうと、今度はそこへ別の空気が潜り込みます。いわば、上昇で空気のあきができたところを補うような格好です。この〝補《ほ》填《てん》空気〟は、南北の緯度30～40度のあたりから赤道に向かって流れてきます。これが貿易風とか熱帯東風とか呼ばれる恒風です。

こうして**常に貿易風が吹いているために、海の水は風の力を受け続け、少しずつ動かされます**。その動きが、北太平洋の場合なら赤道から北緯20度あたりまでの海域で北赤道海流となり、フィリピンにぶつかると諸島に沿うような形で北上し、台湾沖を通って黒潮と呼ばれる海流になるのです。

このようにして、どの海流も恒風との関係で説明がつきます。海を動かす空気の力、やはり大きいものです。

熱帯雨林がなくなると、地球の酸素もなくなるの？

熱帯雨林などの森林破壊が進むと、いつかは大気中の酸素がなくなってしまうのでしょうか。

確かに、森林は酸素をどんどん放出していて、スギ林では毎年、1ヘクタール当たり20トンほど、大人74人分の酸素量を吐き出しています。

でも、酸素は人間の呼吸だけでなくて、工業などでも大量に消費されるもの。もし、東京23区の酸素消費量を森林だけでまかなおうとすれば、その面積の20倍以上の森林が必要になってしまいます。

それでも、酸欠が起こらないのは、酸素が大気中に21パーセントも含まれているからです。つまり、**毎年、森林が必死に放出する酸素は、大気中の酸素量の数千分の一にすぎない**のです。それに、森林自体の呼吸や分解に使われる量を考えると、森林だけで消費されて、プラスマイナス・ゼロに近いともいわれます。

森林破壊によって酸欠状態が起こることはないのです。

サハラ砂漠もかつては緑で覆われていた!?

日本では、森林と山は一体です。

つまり、山には木が生えているのが当たり前で、ハゲ山は不自然な姿です。ところが、ヨーロッパの例からわかるように、世界を見るとハゲ山は珍しくありません。たとえば、ヒマラヤや韓国、中国の山々。

ヒマラヤ地方は標高４０００メートル近くある山頂まで、畑と牧草地が広がっていて、枯れ枝一つ落ちていません。現在、深刻な薪《まき》不足に悩まされているとか。

韓国の場合は17世紀に李《り》王朝が山に火をつける焼畑を奨励したことで森林の荒廃が進みました。

中国でも華北《かほく》の黄土地帯などは、ハゲ山と黄土の平原が続いています。早くから開けた中国の黄河文明は、うっそうと生い茂った森林を切り開いて、次々と畑をつくり、馬の放牧をしました。休ませないで使ったため、土地はやせていき、少ない雨がそれに追い討ちをかけ、たまに降る大雨に土は流され、砂漠化していったのです。それは、3000年前から始まり、今や北京《ペキン》のすぐ近くまで迫ってきています。

アフリカのサハラ砂漠も1500年前までは緑で覆われていました。それがしだいに砂漠に変わっていったのです。その**砂漠化のスピードは1日に15メートルという速さ**だったそうです。

「風船飛ばし」の行事が取り止めになった悲しい理由

かつて、何かイベントがあるたびに、色とりどりの風船を空高く放す、風船飛ばしの行事がありました。1回のイベントで100万個もの風船を飛ばした例もあるそうです。しかし、この飛ばされた風船が、いろいろな影響を及ぼすことがわかってから、この行事は見かけなくなりました。

風船は遠くまで飛ばされ、たいていが海に落ち、海上を漂ううちにすぐ色が落ちてしまいます。そのうえ、ひもがついていて、しっぽのようにゆらゆら動くので、クラゲそっくり。そして、クラゲはカメの大好物です。そこで、ウミガメがこのひものついた風船を飲み込んで、死んでしまったという例が数多く報告されたのです。

また、マッコウクジラが好んで食べるイカの群れは、海上を漂うプラスチックの周りに集まる習性があります。体長5メートル余りの子どものマッコウクジラが痩《や》せ衰え、アメリカ東海岸に打ち上げられて死んでいるのが見つかったことがあります。海洋学者たちが調べてみると、クジラのおなかの中から、ひものついた風船が見つかりました。イカと一緒に風船を飲み込んだクジラが、胃から腸にかけて風船を詰まらせ、食べものを消化できなくなって、飢え死にしたのでした。

このほか、金属シートでできた銀色の風船が、空を飛んでいって電線に引っ掛かると、停電の原因になることもあります。

飛ばせば消えてしまうように思えますが、風船たちはプラスチックのゴミ同様、悪役を演じていたのです（現在は、生分解される素材の風船を使用するなど、環境に配慮して行なわれてもいるようです）。

3章

内出血した血は、どこへ消えてしまうの？

フシギな「体」雑学

どうして右利《き》きと左利きの人がいるの？

左利きの人をサウスポー（south-paw）というのは、かつてアメリカの大リーグで左利きの選手に南部出身者が多かったからだという説があります。

その真偽のほどは定かではありませんが、右利きが多いとサウスポーが有利になるのが野球の面白いところで、名選手として名を残した人も多いようです。

日本人の場合、左利きの人は、成人の男性で約5パーセント、女性は約3パーセントと圧倒的に少数ですが、同じ人間なのに、利き腕の違う人がいるのはどうしてでしょうか。

いろいろな説がありますが、はっきりしているのは、**生まれたばかりのときには、まだこの区別が見られないこと、成長するに従って右利きが増えてくる**ことです。

それに、右手が左脳に支配されていることを考え合わせると、おのずと答えは見えてくるようです。私たちは、生まれて何年か経《た》つと、記憶力や論理的思考という、左脳の能力開発を主とした教育を受けます。そのために右脳に比べて左脳が発達し、成長とともに左脳が支配する右利きの人が増えるのだということです。

朝起きて顔がむくんでいるのはどうして？

いつもきれいにしている女優さんでも、顔のむくみが悩みだったりするそうです。ある人気女優さんは、朝だけでなく、家でゴロゴロしているときはたいてい、むくんでいると聞いたことがあります。といっても、一般の女性から見れば気にならない程度、やはり顔が商売道具の人は違います。

人体の70パーセントは水分ですから、細胞には絶えず動脈経由で水が運ばれています。そのおかげでみずみずしい肌でいることができるわけですが、**何かの原因で体内の水が動脈によって運び去られず、細胞の中に残されたままになる**ことがあります。

たとえば、デパートで仕事をしている人やコンパニオンは1日中立ちっ放しなので、どうしても下半身に水が溜まりやすいと思われます。このため足がむくむ。同様に、横になって顔を低くするとそこに水がたくさん溜まると考えられます。それが寝起きの顔のむくみです。

これらのむくみは、長時間立っていたり、寝すぎたりすると誰にでも起こるものなので気にすることはありませんが、問題は病気が原因のむくみです。急性腎炎《じんえん》、肝硬変、動脈血栓など怖い病気が多いので、妙に長く続くようだったら放置せず、医者に相談しなくてはなりません。

人の体でいちばん敏感なのはどこ?

何を称して「敏感」というのかが難しいところですが、ここではとりあえず「2つの点を識別できる」能力を「敏感である」としましょう。

すると、**背中が最も鈍感**ということになります。2カ所を同時につついたときに、2つの点の間の距離が5センチ以内しかないと、大きな1点に感じてしまうのです。

それでは、ふだんいちばんよく使う指の先は? 麻雀パイを指先だけで読み取る人がいますが、これは特殊な能力。普通の人の場合、2点の間が2ミリ以上離れていないと、2点であることを判断できません。

そこで、**最も敏感な部分はといえば、実は舌の先**なのです。2つの点の間がわずか1ミリでも、2点であることが感じられるのです。そういえば、歯のすき間のかすが舌先に触れて取ってみたところ、感じた以上に小さかった、なんてことはよくありますね。

寒いとなぜ体がガタガタ震えるの？

人間の体温は、夏でも冬でも、また赤道直下の熱帯地方にいようが厳寒の極地にいようが、だいたい36・5度前後に一定しています。

これは、脳にある体温調節中枢が、暑いときには汗を出すなどして熱の発散を多くし、寒いときは体を丸めるなどして熱の発散をできるだけ少なくするというように、さまざまな調節を行なっているからです。

寒いと体が震えるのもそのためで、筋肉を収縮させて体熱を発生させ、体を温めてくれているわけです。それでも追いつかないと、筋肉の収縮はさらに高まります。寒さがひどいときに、歯がガタガタ鳴ったり鳥肌が立ったりするのはそのためです。

怖いときの震えも、同じ筋肉の収縮によるものです。これは、体熱をつくり出しておいて、いざというときに動きやすいよう体が準備しているのです。

緊張するとドキドキするのはなぜ？

恐怖を感じているとき、あるいは、激しい怒りを感じたり興奮したりしているとき、ドキドキと耳に聞こえるような大きな音を立てて心臓が鼓動します。

これは、人間の〝野生時代〟から引きずってきている本能的な現象で、私たちの意志とは関係なく、勝手に交感神経とアドレナリンというホルモンが共同し、敵の攻撃に対抗できるように準備態勢を整え始めているのです。

交感神経は、副交感神経とともに自律神経といわれます。

自律神経は心臓や内臓など、生命の維持にかかわる機能を司《つかさど》るために、意志とは無関係に働くようにつくられた神経系統。交感神経と副交感神経の両者が、相反する働きをしながらバランスを取り合うことで、私たちの体を正常に保っています。

アドレナリンは緊張したときに副腎《ふくじん》から分泌《ぶんぴつ》されるホルモンで、心臓の働きを活発化して血圧を上げ、目の瞳孔《どうこう》を大きくし、毛を逆立てるなど、動物的な働きをします。

また、緊張すると喉《のど》が渇きますが、これも、唾液の分泌が交感神経と副交感神経に支配されているため。**緊張すると交感神経が活発に作用して唾液の分泌を抑えてしまうのです。**

記憶力がよくなる、こんな方法を知っている？

仕事で使う資料を頭にたたき込まないといけないとき、黙読と音読、どちらが記憶に残りやすいと思いますか？

シーンと静まり返った部屋で、声を出さずに読むほうが、しっかりと覚えられそうな気がしますが……心理学的な面から見れば、実はその逆。

人間の記憶能力というのは、刺激する感覚が多いほど高められ、記憶が頭に定着しやすくなるのです。

黙って目で文字を追うだけでは、視覚しか刺激されていないことになり、せっかく与えられた人間の五感も宝の持ちぐされになってしまいます。

それに対して音読のほうは、視覚はもちろん、声を出すときの唇や舌の感覚、自分の声を聞くときの聴覚も刺激されるので、記憶の効果が上がるはずなのです。

もっと徹底させたいなら、音読しながらメモを取ること。書くときの手先の感覚、そしてメモした文字でさらに視覚を刺激できます。読むだけより、書きながらのほうが覚えられるのは、多くの人が経験ずみだと思いますが、このような生理学的な裏づけもちゃんとあったのです。

そういえば、声に出せないときでも、口だけパクパクさせていることがあります。頭にたたき込もうとする気持ちが働いて、いつの間にか口が動いていたわけです。

舌が判断できる味覚は……4種類!?

甘い、辛い、酸っぱい、苦い、塩辛い。たいていの料理は、この5つの形容詞で表わすことができます。だから舌が感じるのもこの5種類だけかというと、それはちょっと違います。

ドイツのヘニングによれば、人間が感じる味覚は「甘い」「酸っぱい」「塩辛い」「苦い」の4つだけ。アルカリ性の滋味《じみ》を加えて5種とすることもありますが、「辛い」や「渋い」は入りません。**「辛さ」と「渋さ」は、舌が感じ取る味覚ではなく、触角と痛覚がからみ合ってはじめてわかるもの**だから、なのだそうです。

また、アメリカのビーブとワッデルという2人の学者によって、どれだけ味が強いかを数値で表わす方法もつくられました。

単位は「ガスト」で、味覚の強度に応じて細かく設定されます。たとえば、コーラは、「甘さ11・2ガスト、苦さ2・2ガスト、塩辛さ1・3ガスト、酸っぱさ5・0ガスト」です。甘さが最も強く、酸っぱさがほどほどで、苦さと塩辛さが少々ということになりますが、実際に飲んだときの感じと比べてどうですか？　なお、合計50ガストを超える食品を口にすると、気持ちが悪くなってくるそうです。

汗をかくと、かゆくなるのはなぜ？

あせもは、湿気の多い日本に特有の皮膚病といわれます。

気温が高くても空気がカラッとしていればあせもができないのですが、それは汗が蒸発しやすいためです。

あせもの原因は、汗腺が詰まること。ちょっとなめてみればわかるように、汗には塩分が含まれています。汗をそのままにしておいたり蒸発が遅れたりすると、皮膚の表面に塩分が残り、そこにホコリや汚れがつき、汗腺の出口をふさいでしまいます。
ところが、出口がふさがれようとも、暑ければ汗の生産は続けられます。その結果、出口付近に汗が溜まり、さらに出口がしっ

かりふさがれるという悪循環を引き起こすのです。

汗腺の出口がただれて小さな赤い水疱《すいほう》ができるのがあせもですが、水疱には至らないまでも、汗でかゆくなることはよくあります。このかゆみも、やはり汗の塩分が原因だったわけです。

酢はなぜ「疲労回復」に効くのか？

酢の歴史はとても古く、『古事記《こじき》』や『日本書紀《にほんしょき》』にも登場するほど。**不老長寿のもとである**ことも、古くからいろいろな書物に記されています。

酢が健康食品とされる科学的根拠は、「空気中では酸性であるにもかかわらず、アミノ酸や有機酸が体内でアルカリ性に変化する」という点。脂肪の代謝を活発にして、肥満を防ぐ効果も確認されています。

また、乳酸や焦性《しょうせい》ブドウ酸を分解するのも大切な働きの一つです。これらの物質は筋肉に溜まると疲労を感じさせるもの。酢が疲れを取るといわれるのも、この分解作用がゆえんです。

ただし、こういった効果が大きいのは天然醸造酢にかぎります。合成酢ではあまり働きを期待できないので、購入するときは表示の確認を。

胃酸が胃を消化しないのはどうして？

強い胃酸が分泌されるのに、なぜ、胃そのものは溶かされないのでしょうか。

これは、２つの防御機能が、実に巧妙なチームワークを発揮して保護しているからです。

その２つの機能というのは、「胃の粘膜から胃壁を守る粘液が分泌されること」と、「胃壁から塩酸を中和する物質が分泌されること」です。

まず、胃液が分泌される直前に粘液が素早く出されて、胃壁をカバーします。すると、その粘液と胃壁の間に塩酸を中和する物質（重炭酸イオンと考えられています）が張り巡らされ、２重にガードするという仕組み。

これで完璧なようですが、そうではないのが、私たちの体の難しいところ。この2重ガードにも、ウィークポイントがあります。

胃はほかの内臓器官と同じく自律神経の支配を受けていますが、ストレスなどで交感神経と副交感神経のバランスが崩れると、すぐに胃壁の血流が悪くなり、粘液の分泌量が減ってしまいます。その結果、防御力が弱まり、胃壁の粘膜が胃酸に冒されて炎症を起こし、長く続くと潰瘍《かいよう》に発展してしまうのです。**マウスの実験では、ストレスを与え続けると、わずか数時間のうちに胃潰瘍ができた**といいます。

ところで、あの『吾輩は猫である』の猫の飼い主、苦沙弥《くしゃみ》先生は胃弱だと書かれていますが、著者の夏目漱石もひどく胃病に苦しみ、結局それがもとで亡くなっています。その病名は胃潰瘍でした。

蚊に刺されると、どうしてかゆくなるの？

注射をされれば痛いし、誤って縫い針を刺してしまったときも痛い。蚊だって髪の毛のような細いクチバシで刺すのに、なぜか痛くはならず、かゆくなります。これは、蚊の唾液のせいなのです。

蚊には2本のクチバシがあり、まず下唇にあたる毛のように細いクチバシで人の肌を刺してから、上唇で血を吸います。このとき唾液を流し込みます。普通血は人の体から出ると凝固してしまいますが、**蚊の唾液には血液の凝固を防ぐ働きがあります。**ところが人間にとっては、これがかゆみのもと。ほんの微量とはいえ、毛細血管に異物が入るため、アレルギー反応を起こして、かゆくなるのです。

とはいえ、**血を吸い終われば、かゆみのもとになる唾液は蚊の口の中に戻っていく**仕組みになっていますので、かゆみもやわらぐはずです。そういえば確かに、最もかゆいのは刺されている最中で、蚊が飛び去ったあとは、多少かゆみは残っているものの、さほどひどくはありません。

刺された瞬間にバシッとやってつぶすのはなかなか小気味よいことではあるのでしょうが、どうせならたっぷり吸わせてやってからたたいたほうが、かゆみを減らすうえでは得策のようです。

蚊に刺されても、すぐに気づかないのはなぜ？

それにしても、蚊が刺したときに、刺されたことに気づかないことが多いのはなぜでしょう。これもうまくしたもので、**刺した途端に、麻酔のような物質を出して、刺した相手に気づかれないようにしている**ためです。

蚊が動物の血を吸うのは卵を産むとき。つまり、種の保存のために、目一杯の知恵を働かせてのことなのです。

夜中に眠っている耳元でブーンとうなる羽音も、仲間に自分の居場所を知らせるためのもの。メスがエサを求めて飛ぶ羽音をたよりにオスがやってきて交尾する、甘い甘い愛のメッセージなのです。

そうはいっても、やっぱりあのかゆさはたまらない。でも、お気づきでしょうか。季節のはじめに蚊に刺されてやたらに腫れていた人も、回を重ねるごとに腫れ方が少なくなっているのを。これは、蚊に刺されることで、体に抗体ができていくため。人間の

体だって、ただ刺されているわけではないのです。

ビタミンは摂りすぎると毒になる!?

いくら体に必要な栄養だからといっても、ビタミンはたくさん摂ればいいってもんではありません。過剰な摂取が、かえって体を壊す原因になることもあるのです。

ビタミンには、水溶性のものと脂溶性《しようせい》のものがあります。

水溶性ビタミンは、文字どおり水に溶ける性質を持ち、B_1、B_2、B_{12}、C、ニコチン酸、パントテン酸、葉酸《ようさん》がそれ。体に必要な量のみ吸収されて、過剰に摂取した分は水分とともに排泄されます。

脂溶性ビタミンはA、D、Kといったところ。油に溶けて肝臓などに溜まり、副作用を引き起こすので、注意が必要です。

ビタミンAの場合は、食欲不振、頭痛、嘔吐、皮膚がむける、などの過剰症が見られるのですが、問題はこれが〝欠乏症のときの自覚症状〟と同じことです。そのため

欠乏だと思い込んでさらに摂取し、悪循環に陥るケースもあるのです。

ビタミンDの過剰症は頭痛、嘔吐、筋力低下のほかに、カルシウムを溶かして骨を弱くすることも。

ビタミンKには胃腸障害、肝障害、嘔吐などの過剰症が見られます。

しかし、いずれも食品だけから過剰に摂取するのは難しいものばかり。必要量の10倍から1000倍は摂らないと過剰摂取とはいえないのですが、それほどの量を普通の食事から摂れるとはまず考えられません。ビタミン剤の服用量を守らなかったり、ビタミンKの含まれた出血防止剤を使ったりしなければ、過剰症の心配はありません。

内出血した血はどこへ消えてしまうの？

普通は内出血といいますが、理屈っぽく言わせてもらえば、あれは「皮下出血」です。

強く打ったりぶつけたりすると、血管には衝撃が与えられて破れるものの、皮膚を切ったわけではないので、血が体外へは流出しません。

血管の破れから流れ出た血は、皮膚の下の組織にとどまります。このとき青く見えて、いわゆる「青あざ」になるのは、**赤血球の色が実は青い**ため。

その後、赤血球は細かく壊れていき、壊れる際に黄色へと色素を変えながら、ごく小さくなっていきます。

そして最後には細胞内に吸収され、皮膚の外側からは見えなくなってしまうというわけです。ただし、これは一説にすぎませんが……。

目隠しをして歩き続けると……元の場所に戻る!?

広々した空間で、目隠しをして歩いてみます。さて、どうなると思いますか。

①クネクネと蛇行しながら進む。
②フラフラと倒れ込んでしまう。
③ヨロヨロ歩いているうちに、元の地点に戻ってしまう。

④直線コースから多少のはみ出しはあっても、ほぼ真っすぐ前進できる。

正解の前に、人間の体のつくりについてひとこと。**私たちの体は、骨格、内臓、手足の長さや太さ、筋肉のつき方や強さ、どれをとっても左右対称にはできていません。**テニス選手は利き腕のほうが長いとよくいいますが、一般の人も同様です。一見、左右が釣り合っているように見える足だって、少しは差があるのです。

目隠しをすると、視覚で方向を確かめながら歩くことができないため、この左右の差が顕著に表われます。たとえば右足の筋肉のほうが強いとすると、右の動きが大きくなって、弱い左の方向へとコースが少しずつカーブしていくのです。その結果、障害物のない広い空間であれば、円を描いて元の地点付近へ戻ってきてしまいます。

ということで、正解は③。

目隠しをしなくても、濃霧や吹雪の中で道に迷うと同じ結果になります。冬山で迷った人が、何時間も歩いたあげくに振り出しに戻ってしまうこともあるのです。

サツマイモを食べてもオナラが出なくなる法

サツマイモはおいしいけど、オナラが心配……。

同じデンプンでも、パンやご飯をお腹いっぱい食べてもオナラの心配はそれほどないのに、どうしてサツマイモはあんなにオナラが出るのでしょうか。

それはサツマイモのデンプンの粒子が、パンやご飯に比べてはるかに大きく、頑丈なため、胃や小腸で消化できないからです。つまり、そのまま大腸まで行ってしまい、そこで発酵するのでガスが生じ、オナラになるというわけです。

だから、オナラが出ないようにするには、早い段階で消化してやればいいわけですが、それは簡単なこと。皮ごと食べればいいのです。

というのは**皮のすぐ内側にヤラピンというデンプン消化酵素の一種があり、これを一緒に食べれば胃や小腸で早々と消化され、オナラが出ない**のです。ビタミン、ミネラルなどの栄養分も皮の内側に集中しているので、食べ方としてはこのほうが正しいのです。

血液は体の中を1分以内に駆け巡る！

全身の血管だけを撮影する装置で人間の体を写真に撮ると、網の目のような奇妙なものが浮かび上がります。

骨と筋肉を除いたあとの人体は、その80パーセント以上が血管といっても過言ではないからです。犬の血管に特殊な合成樹脂を注入して血管だけを残し、鋳型《いがた》を取る実験をすると、心臓も腎臓も「小枝が密集した珊瑚《さんご》」のようなものになったということです。

血管の中を流れる血液は心臓を出発して1分以内にはすべて心臓に還流してきます。速い場合は23秒というのですから、かなりのスピードで体の隅々まで駆け巡っているわけです。

血液は肺で酸素、消化器で栄養分をもらって運び、帰りは老廃物や炭酸ガスを受け取って腎臓や肺に廃棄します。これが猛スピードで休むことなく繰り返されており、それがストップすると死が訪れます。

血管にはたいていバイパスが用意されているので、ケガで切断したり、何かがつまっても大丈夫ですが、脳や心臓のようにバイパスのないところもあるので、そんなところがつまると危険です。

筋肉疲労は冷やせば治る!?

スポーツ医学では、筋肉や靱帯《じんたい》の障害に「アイシング」という治療法を用いることがよくあります。

専用のアイスパックやコールドスプレーで冷やして血管を収縮させ、腫れや炎症を和らげる方法です。

プロ野球の投手が試合後、利き腕の肩の周りを、大量のアイスパックを巻き付けて冷やしているのを見たことがあるでしょう。

このアイシング、ふだんの筋肉疲労の緩和にも利用することができます。

用意するのは、ビニール袋に氷を入れたもの。または、紙コップに水を入れて凍らせたものでもＯＫ。氷がない場合には、冷たい濡れタオルでもかまいません。

これらを、酷使した筋肉に当てるか、こするかすれば、効果が得られます。

また、アイスマッサージをしたあとに、次は温める、ということを交互に繰り返す「温冷療法」も効果的です。

血管の収縮と膨張が繰り返されて、疲労物質の乳酸が分解され、筋肉の柔軟性も取り戻せます。

オナラのガスが地球の温暖化を進める？

オナラの成分の一つであるメタンガスが、温室効果の原因の一つだということは案外知られていません。

メタンガスは現在、二酸化炭素に次いで2番目に温室効果をもたらす度合いの強い物質といわれます。

近い将来、主役の座に躍り出るのではとも心配されています。

オナラの成分メタンガスに、それほどの威力があったなんて。だからといって、オナラを我慢したくらいでは問題は解決しません。

メタンガスは、酸素を嫌う嫌気《けんき》性バクテリアによってつくられるガス。このバクテリアは酸素の少ない水の中、特にヘドロのような泥の中が大好き。だから、水田や湿地、水分の多いゴミ埋立地、動物の腹の奥や動物の糞《ふん》に棲みついて、有機物を分解するときにメタンガスを放出するのです。

なぜ、メタンガスが増えているかというと、人間が多くなってきたことももちろんですが、家畜を増やしてきたこと、水田やゴミ埋立地などを増やしてきたことが大きな原因で、100年で1・8倍にもなっているのです。その上、地球の温暖化が進めば、カナダ、アラスカ、シベリアの永久凍土が融け出して大量のメタンガスを発生させることになり、温暖化のスピードはさらにアップされるとか。

今のところ、メタンガスを減らす有効な方法はありません。何しろ、酸素とくっつくと水と二酸化炭素に分解されるので、燃やしても温暖化の原因の二酸化炭素をまきちらすことになってしまうのですから。

ペニシリンはなぜ、体を傷めずに細菌だけを殺せる？

１９２８年、イギリスの細菌学者フレミングは、培養していたブドウ球菌のコロニーが青かびで溶かされていくことから、青かびに含まれる抗生物質ペニシリンを発見しました。

フレミングにとっては悔しいでしょうが、青かびは偶然生えたものなので、「偶然の大発見」とかいわれています。なぜ、そこに青かびが生えたかという原因には、彼がうっかりシャーレのふたを開けっ放しにして家に帰ったという説から、うっかり鼻水をたらしてしまったというものまで、すべて〝うっかり〟がつきまとってしまっているのです。

でも、感染症に対する万能特効薬として活躍してきましたし、イギリスのチャーチル首相を肺炎から救ったという栄誉も与えられています。

さて、このペニシリンは、人間の細胞には作用しないで細菌だけを殺しますが、どうしてそんなことができるのでしょう。

細菌の細胞は植物細胞に似ていて、細胞壁をもっています。**ペニシリンは、細菌が細胞壁を合成するのを阻止する**のです。細胞壁がないと、浸透圧《しんとうあつ》によって周りの水が細胞内に入り込むので、細菌はふくれ上がってやがては破裂してしまいます。でも、人間の細胞には細胞壁はありませんので、まったく影響はありません。

ところが、細菌の中には、細胞壁の外側にさらに脂質の壁をもったものがあります。そういう細菌には、ペニシリンは効きません。ストレプトマイシンなどのマイシン系の抗生物質なら、どちらのタイプの細菌にも効きます。

お風呂に入ると、指がシワシワになるのはなぜ？

お風呂やプールに長く入っていると、指先がシワシワになります。これは、梅干しのように水分が抜けてシワシワになると思ったら大間違い。その反対です。

皮膚の表面から水が浸透すると、皮膚のごく表面の部分は伸びますが、その下の部分には変化がないので、しわになるのです。

手足の指の皮膚では、この変化が激しいので目に見えますが、これと同じような変化は、わずかながら皮膚のどの部分でも起こっています。

なぜ、入浴は「食前」のほうが体にいいの？

入浴は食事の前がいいか、後がいいか、どちらでしょう。

健康の面からいえば、入浴は食前のほうがいいようです。

というのは、食べたばかりでせっせと働いている胃を圧迫するのは好ましくないからです。

浴槽の中で体が受ける水圧は意外に強く、胴回りでたとえれば、2～3センチは細くなるといわれています。

食べたものがいっぱいに詰まっている胃袋がそれほど圧迫されたのでは、消化能力が落ちるのはもちろん、胃を弱めてしまいかねません。

胃に入った食べものは、だいたい1~3時間くらいで腸に送られます。どうしても食後に入浴する場合には、それだけの時間を置いた後にすることです。

どうして空腹になるとお腹が鳴るの?

午前中、会議の途中にお腹がグーッと鳴って恥ずかしい思いをしたことはありませんか。こればっかりは予知するわけにもいかず、突然鳴り出すので困ってしまいます。どうしてお腹がすくと鳴るのでしょう。

これは脳の命令によって、血液中の糖の量(血糖値)が減少していることを胃が告げる警告音なのです。

食物は消化されて糖になり、エネルギー源として体内の各組織で燃焼されます。それを体の隅々へきちんと運び届けるのが血液の役目。

もちろん、エネルギーの供給を途切れさせることはできません。そのためには常に一定以上の糖が含まれていることが必要で、人間の場合、血液1デシリットルにつき約100ミリグラム以上とされています。

ところが、この血糖値はいつも安定しているわけではなく、食後に急激に増え、時間が経つに従ってどんどん減少していきます。そしてあるレベル以下になると、脳は危険を感じて、胃に信号を送ります。それを受けた胃が収縮運動を起こし、グーッという音を発して「早く食事を摂りなさい」と警告してくれるのです。

あの音は、胃が強く収縮して、**胃の中に入っている胃液やガスが動くことで発生しているの**です。腸のほうも同じような状態になっているので、腸から音が出ることもあります。

とはいえ、胃の形によって音の大きさが違ったり、鳴らない人もいたりして、かなり個人差があります。

こんな音で恥をかかないためには、きちんと規則正しく食事を摂ることがいちばん。そうもいかないような場合には、牛乳を飲むか、アメ玉をなめるなどすれば防止できます。

お腹が減ってないのに、なぜグーッと鳴る？

空腹時でないときでも、お腹からグーッという音が発せられることがあります。ゴニョゴニョとかゴロゴロという、やはりあまり他人には聞かせたくない類《たぐい》の音です。この音の源は、腸です。腸がスムーズに動いていないために、内部にガスや食べもののカスがたまってしまい、それらが急に移動するときに出る音です。だいたいが便秘か下痢が原因ですが、腸炎や腹膜炎《ふくまくえん》、腸閉塞などの病気による場合もあるので、しつこいようなら医者に相談しましょう。

体操選手に帝王切開する人が多いのはなぜ？

体操選手には帝王切開する人が多いといわれていますが、なぜでしょう。
かつてエアロビクスの講師をしていたA子さんもそうでした。彼女は21歳になってから筋力トレーニングを始めましたが、その練習はとてもハードで、腹筋・背筋の強化など毎日6時間におよぶものでした。そのおかげで洋服のサイズが半年で11号から9号になったといいます。これだけ鍛えれば、必然的に**産道の筋肉も締まります。ということは、胎児がいくら産道を開こうと頑張っても難しい**というわけです。

この逆に、腹筋が弱くて胎児を押し出す力が弱い人もいます。そういう人も、帝王切開をすることになるのです。

かつて女性たちは、野良《のら》仕事、拭き掃除、たらいでの洗たく、便所でしゃがんだりと、知らず知らずのうちに足腰を鍛えて安産型の体になっていました。今は、意識して安産型になる体をつくろうとしなければならないようです。

どうして女性にえくぼのある人が多い？

表情に愛嬌《あいきょう》を添えてくれるあのえくぼ、実は頬と筋肉の異常癒着《ゆちゃく》が原因でできたということをご存じですか。

顔にはたくさんの筋肉があります。それらの一つひとつの動きが連動し合って、笑う、怒る、泣くなどの顔の表情がつくり出されるわけです。

頬に走る筋肉は、このうちの顴骨《けんこつ》筋、笑筋などですが、それらが正常に走っているときは、えくぼはできません。ところが、これらの筋肉の一部が頬の皮膚と癒着しているケースがあるのです。そうすると、皮膚が筋肉に引っ張られて、くぼんだ状態になります。このくぼみがえくぼになるわけです。

したがって、えくぼは頬の肉が豊かな人、つまり皮下脂肪の豊かな〝丸ポチャ顔〟の人に多く見られます。男性より女性に多いのも同じ理由です。

ちなみに、日本人では女性の半数以上がこのえくぼのもち主とか。外国人に比べてベビーフェイスが多いといわれるのもこのためかもしれません。

歯ぎしりのときの噛むパワー、なんと80キロ！

カチカチ鳴らす、食いしばる、すり合わせる……歯ぎしりのパターンは、だいたいこの3種類です。

「すり合わせ型」は虫歯治療の詰め物が合わずに起きることが多く、「食いしばり型」はストレスや内向的な性格が引き金に。「カチカチ型」は、どちらの理由も当てはまります。

歯ぎしりは、眠っているときだけできて、起きているときにやろうと思ってもうまくできないという不思議なもの。ためしに、夜中にギリギリうるさく歯ぎしりしている人をたたき起こして、「もう一度やってみろ」と言ってみてください。ほとんどの人が、眠っているときほどの大きな音は出せないはずです。

なぜなら、眠っている間に、無意識のうちにとてつもないバカ力を発揮しているからなのです。

ものを食べるときでさえ、**おせんべいで10キロ、食パンで30キロの力しか必要としないのに、歯ぎしりするには、なんと60〜80キロの力がかかっているのです。**

これではアゴが疲れる、歯がグラグラする、歯がすりへるなどの弊害が起こっても当然です。

こむら返り（足がつる）の原因は？

水泳の前に準備運動をするのは、こむら返りを予防するため。これは常識のようになっています。ではなぜ、こむら返りが起こるかご存じですか？

泳いでいるときの息継ぎはなかなか難しく、訓練された人でないかぎり陸上での呼吸のように自然にはできません。ふだんは、誰に教わったわけでもないのに無意識のうちに自然にできますが、水の中では呼吸するにも技術が必要なのです。

顔を上げた瞬間に急いで息を吸うのも確かに技術の一つですが、このとき酸素を摂りすぎると、こむら返りを起こすことがあります。**血液中の炭酸ガスが減って、筋肉の動きのバランスをくずしてしまい、ケイレンする**のです。

筋肉のケイレンを防ぐためには、とにかく柔らかくしておくこと。

こむら返りは筋肉が伸びた瞬間に突然起こることが多いので、とりわけ伸ばす運動を十分にしておく必要があります。起きてしまったときも同じで、筋肉を伸ばすように動かすと治ります。

目に入ったゴミが鼻くそになるってホント？

「目くそが鼻くそを笑う」ということわざがあります。「汚い」と言って目くそ（目やに）が鼻くそをバカにするが、どっちもどっち、同じようなものじゃないか、という意味です。

ところがこの2つ、〝同じような〟どころではなく、〝まったく同じ〟と言い切ってもいいような関係なのです。

目くそのほうから説明しましょう。これは主に、目に入り込んだ細かいゴミです。目の表面はいつも、結膜《けつまく》から分泌される粘液と、涙腺《るいせん》から出る涙の皮膜によって保護されています。つまり目にゴミが入ると、この涙の皮膜がつかまえてしまう仕組みです。そして、まばたきをするごとに新しい涙とチェンジされ、古い涙はゴミや粘液と一緒に、目頭にある涙嚢《るいのう》というところに流されます。

「目から鼻へ抜ける」という言葉がありますが、実際にこの涙嚢から鼻腔《びこう》へ、鼻涙管《びるいかん》という管が抜けていて、古い涙はそこを通って鼻腔へ向かいます。そして、鼻腔内壁の粘液やゴミと混じり合って、最後に鼻くそになるのです。

朝起きたときに目くそが目頭にたまっているのは、睡眠中はまばたきがないために古い涙が鼻へ送られず、水分が蒸発してやに状になるからです。**泣くと鼻水が出ますが、これも同じ原理。涙が鼻涙管を通って鼻腔に流れ込み、鼻水になる**のです。

なお、涙には酵素リゾチームが含まれていて、これが細菌を溶かす働きをしています。涙は、単なる目の洗浄剤ではなく、消毒剤でもあるのです。

ラーメンを食べると、なぜ鼻水が出る?

暑さ寒さに関係なく、ラーメンとかウドンなどの熱い汁物を食べると、タラタラと鼻水が流れ出てきます。鼻風邪を引いたかな、なんて思ってしまいますが、病気でもないのに、どうしてこんなことが起こるのでしょうか。

この原因は、**湯気によって直接、鼻腔の粘膜が刺激されることと、口の中に熱いものが入ってきたために鼻腔の粘膜の血管が開く**ことによります。刺激され温められることで、鼻腔の粘膜がむずむずし始めます。そこへ、湯気が冷やされてできた水滴が付着すれば、これ幸いと、鼻腔はそれを鼻水として外へ押し出すわけです。

これはほんの一時的なものなので、鼻をかめばすぐ治ります。

しかし同じ鼻水でも、風邪のようにウイルスなどで鼻の粘膜に炎症が起きている場合は違います。チリなどのわずかな刺激に対しても敏感に反応するので、粘液の分泌が止まらず、なかなか治まってはくれません。

突き指はなぜ引っ張ってはいけないの？

バレーボールやバスケットボールなどをやっていて突き指をすると、つい引っ張ってしまう人が多いようです。しかし、指を引っ張っては逆効果です。

突き指は、靭帯がねじれたり傷ついたりして起こる、いわば指の捻挫《ねんざ》です。

靭帯というのは関節を固定している組織なのですが、関節に負担がかかったり外から強い力が加わったりすると、骨よりもまずこの靭帯に故障が起こります。

突き指をしたところを引っ張れば、さらに靭帯に無理な力がかかって悪化し、捻挫ぐせがついてしまいます。

ですから、傷めたときはすぐ冷やすこと。

水道の流水で30分ぐらい冷やして、その後ボール紙などで指を固定して手を上げたままにしておくと、たいていの炎症は治まります。

居眠りしてても体が倒れ込まないのはなぜ?

すいている電車の中でうたた寝をしている人を見かけたら、ちょっと観察してみましょう。グーッと上体が傾いてきて、「あっ、倒れる」と思った途端、さっと姿勢を立て直します。倒れそうになりながら絶対に倒れない、そういう動作を繰り返しているはずです。

ここから「舟を漕ぐ」という言葉が生まれたわけですが、眠っているのに、どうしてあぁも見事に寸前で身を立て直せるのでしょうか。これは、体の平衡《へいこう》感覚を司る内《ない》耳《じ》の中の三半規管《さんはんきかん》というものが、本人が眠っていても自動的に働いてくれるためなのです。

三半規管には、たくさんの感覚毛《かんかくもう》が生えた袋があって、その中には平衡石《へいこうせき》（耳石《じせき》）と呼ばれる石と液体が入っています。この石は、体が傾くと転がって感覚毛を圧迫します。その刺激で傾いたことを察知して反射運動が起こり、傾いた体を元に戻す力が働くわけです。

ただ、三半規管の働きには限界があって、たとえば船で揺られたり、何度も回転運動をしたりすると、平衡を保つ機能が一時的に麻痺してしまいます。いわゆる乗り物酔いです。

ところで、**うたた寝をすると、どうして体が傾くのでしょうか。**言うまでもなく、頭が重いためです。眠ったために筋肉が弛緩《しかん》し、支え切れなくなってああして倒れそうな姿勢になるわけです。電車の中では、前ではなく左右に傾くのは、電車の加速度が働くためです。

なぜ高い所にいくと足がすくむ？

高層ビルの屋上や崖の上など、高い所から真下を見下ろしたとき、足がすくんで身動きがとれなくなった経験はありませんか。個人差はかなりありますが、足がすくんだからといって、別に臆病なわけではありません。これは**一種のめまいで、やはり、私たちの平衡感覚器官のなせるわざ**なのです。

では、そもそも、めまいはどうして起こるのでしょうか。

私たちの平衡感覚は、耳の中にある三半規管と前庭《ぜんてい》と呼ばれる部分、それに視覚が関係しています。これらには知覚神経がつながっていますが、この知覚神経に異常が起きたり、過剰刺激が加わったりすると、平衡感覚は利かなくなってしまいます。そのために起こるのがめまいです。また、グルグルと激しく回転したり、船で揺られると気分が悪くなったりするのもこのためです。

また、知覚神経は大脳皮質《だいのうひしつ》と密接なつながりがあって、**恐怖感によっても平衡感覚が失われ、めまいが引き起こされる**こともあります。高いビルから下を見て足がすくむのはこのためで、その極端なものが高所恐怖症です。高所恐怖症の人は、高い所に対する恐怖感が人一倍強いために、めまいの症状も人一倍強くなるのです。

大根足退治には水泳が効果てきめん！

暖かい、軽装の季節になると、大根足の女性には悩みが一つ増えてしまいます。

正座をすることも少なくなって、昔の女性に比べるとずいぶんスッキリと美しくなっているのですが、それでも若い女性に自分の体のどこが不満かと質問すると、「足が太い」という答えがいちばん多いようです。

おそらく、アメリカやヨーロッパの女性のスッキリとした足をイメージしているのでしょう。

しかし、食習慣、生活習慣の違う日本女性が、欧米女性のようなプロポーションを求めても、無理というものです。

でも、なんとかスッキリして、足を美しくしたいという女性には、水泳をおすすめします。

ある調査によると、水泳選手、それもバタ足で泳ぐ女性の体がいちばんバランスが取れて美しいそうです。そういえば、シンクロナイズドスイミングの選手の足は、バランスが取れていて実に美しいものです。

水泳に通う時間のない人は、仰向けに寝転んで腰に手を当て、空中で自転車をこぐようにすると効果があります。

といっても、息が切れるくらい一生懸命、それも十分にやらなくてはなりません。

また、足の下に座布団を置き、少し高くして寝るようにするとムクミは取れます。

アレルギー性鼻炎はお腹の水が原因!?

アレルギー性鼻炎は、お腹に溜まった「水」によって起こされる――これは漢方の考え方です。

漢方では、体を維持する「気」「血」「水」の3つの要素のうち、どれかがバランスをくずしたときに、症状が現われるとされています。アレルギー性鼻炎はこのうち、「水」のバランスがくずれた状態であるというのです。

食生活の乱れなどから水のバランスがくずれると、お腹に水が溜まり、この水が汗や尿で十分に排泄できなくなります。すると、顔のほうに逆流してきて、涙や目やに、たん、鼻水となって排出されます。

風邪でもないのに鼻がグシュグシュするのは、つまり、体に余分な水分が溜まって逆流してきた証拠。涙や目やにが多い、寝汗をかく、水太りである、体が冷えやすい、などの症状とも呼応します。

これらはすべて「水」のバランスがくずれた状態で、「水毒症」と呼ばれているのですが、心当たりはありませんか？

ちなみに、**水の動きを正常にしてアレルギー性鼻炎を抑えるには、小青竜湯《しょうせいりゅうとう》という薬が最適**です。

これは西洋医学の面からも、鼻水の原因であるヒスタミンを抑える作用が認められているのです。

大便の半分近くは、実は腸内細菌！

オナラには臭くないものがあっても、ウンコのほうはそうはいきません。個人差はありますが、誰のものも、あの典型的な悪臭を放っています。

実は、このウンコ、その全部が私たちの消化活動の残骸というわけではないのです。何と、**ウンコの3分の1から2分の1が、腸内にいた細菌、そしてその排泄物や分泌物**だというのです。しかも、あのにおいのほうも主犯は人間ではなくて、その細菌の排泄物によるものなのです。

目に見えない細菌が、そんなにたくさんの排泄物を出すなんて信じられませんが、もしそうだとしたら、細菌は並大抵の数ではないはず。私たちの腸に、そんなに多くの細菌が本当にいるのでしょうか。

いるのです。人間の大腸に棲みついている細菌はおよそ100種類で、その数はざっと100兆個ともいわれています。その大部分は食べものと一緒に体内に侵入し、食べものが長い時間溜まる、最も居心地のいい大腸に棲みついています。そして、腸内の食べものを食べて繁殖しているわけです。

ところで、人間の腸の中は細菌だらけなどというと、すぐ「不潔！」「気持ち悪い！」と思うかもしれませんが、ちょっと待ってください。これらの細菌は決して悪玉ばかりではなく、ビフィズス菌、乳酸菌《にゅうさんきん》などのような善玉もいます。彼らは人間にとっても、消化を助けてくれるという点で不可欠な存在で、この細菌との共存がなければ、人間は生きられないことがわかっているのです。

これらは食べものを通じて体内に入ってくるので、食生活が異なれば、腸内にいる細菌も違ってきます。つまり、肉類中心の食事をしている民族にはウエルシュ菌が多く、乳製品や野菜類が中心の民族には乳酸菌が多い、といった具合です。

とすれば、これまた当然ながら、**食習慣によってウンコのにおいも違ってきます。**

においを生み出す成分のうち、特に強烈なのがインドールと硫化水素です。これはタンパク質のアミノ酸が細菌によって代謝されてできる物質なので、**肉類を主食としている欧米人のウンコのほうが、野菜を多く食べている日本人のものよりも臭い**ということになります。もっとも近頃は、日本人の食生活も欧米化したので、そんな差はなくなっているに違いありませんが。

健康な大便はなぜ黄金色?

ウンコは健康のバロメーターといわれますが、中でも注意したいのは、その色。健康な人のウンコは普通、黄金色を帯びています。

もちろん、食べた物の色によって変化はしますが、何を食べても、いつもああして黄金色を帯びているのは、どうしてなのでしょうか。

これは、胆汁の働きによります。口から取り込まれた食べものは胃でこねられ、腸へ送られ、そこで胆汁の作用によってさらに消化が進められます。**胆汁にはビリルビンという黄金色の色素が含まれていて、それがこの段階で混じり合い、あの独特な色になる**のです。

このビリルビンは、体内で働きを終えた赤血球中のヘモグロビンの一部が肝臓に送られて色素に変わったもので、もとは血液の成分です。

したがって、あの黄金色がないような場合には、肝臓に何らかの異常が生じていると考えられます。また、腸内に出血があれば、その血が凝固して黒ずんでいますし、ケースによっては鮮血が混じっていることもあります。

ウンコは体内を通過してきたものだけに、さまざまに内部の様子が刻み込まれています。だからこそ、健康のバロメーターとして重視されるのです。

人間の赤ちゃんは、なぜ未熟なまま生まれてくるの？

人間の赤ちゃんはなぜ40週（約10カ月）で生まれるのでしょう。思えば不思議なことですが、それはまだよくわかっていません。

ほかの動物でみてみると、哺乳類《ほにゅう》の場合、体の大きな動物ほど妊娠期間は長いようです。ゾウは21カ月、ブタは115日、ウサギは31日、ラットが20日というぐあいです。

霊長類だけをみてみると、ゴリラは38週、チンパンジー36週、ニホンザル24週ということになっています。

では、人間より大きいゴリラのほうがなぜ短いのでしょうか。

これは、**進化するほど妊娠期間が長いのではないか**といわれています。

哺乳動物は、大型化すること、妊娠期間を延ばすことで、胎児を守りながら氷河期のような寒冷期を耐えて、生き延びてきたのではないかといわれています。

ところで、妊娠期間が長ければ、胎児が成熟して生後の育児期間が短いというわけでもありません。シカやウマなどの有蹄類《ゆうてい》（蹄《ひづめ》をもつ哺乳類）は、生まれて間もなく歩き始めるほど成熟した状態で生まれ、育児期間も短いのですが、一方、ライオンなどの肉食獣は未熟な子どもを産み、育児期間も長くなります。襲う側と襲われる側の宿命といったらそうかもしれませんが、これも、なぜなのかはよくわかっていません。

人間の子どもは、外敵もなくあたたかな家族に守られているためか、未熟に生まれ、成長もゆっくりなのです。

人間の脳細胞は生まれる前に「大量死する」!?

人間の脳細胞は、約1000億個の神経細胞でできていますが、それぞれの神経細胞には、細い指のような樹状突起がたくさん出ています。これでお互いがネットワークをつくっていて、ほかの神経細胞に信号を伝えては瞬時にいろいろなことを判断したり、感じたりできるようになっているのです。この脳のもとは、妊娠3週目には形が現われ、30週目にはしわができてきます。そして40週目、つまり、出産直前には、ほぼ大人の脳の形と変わらなくなるのです。

ところで、この**神経細胞が妊娠末期に大量死する**といったら驚くでしょう。

神経細胞が最も盛んに生成されるのは、妊娠10週目から18週目頃で、細胞の数も最大になります。その後は、神経細胞同士のネットワークがどんどんつくられていくわけですが、中にはネットワークの取り合いに敗れる細胞もあり、そうした細胞が妊娠末期に大量死するというのです。その数は、なんと全体の90パーセントに及ぶといいます。つまり、もともとの数は、1兆にもなるわけです。

これだけの無駄があってこそ、正常な人間になれるということなのでしょうか。成人の場合、大脳皮質の中で死んでいく神経細胞の数は、なんと、1日に10万～20万。ある報告によると、86～95歳の脳は、16～25歳の脳に比べて、49パーセントも大脳皮質の神経細胞が減っているというから驚きます。

ところで、神経細胞の大量死が起こる前に胎児の左脳が損傷した場合、右脳にはまだ大量の神経細胞の蓄えがあります。その結果、右脳の神経細胞のほうが発達するそうです。こうした状況で、**右脳の才能が顕著になって生まれてくる赤ちゃんがいます。彼らは、知能指数が低いにもかかわらず、絵画・音楽・算術的計算など、特定の分野でずば抜けた才能を発揮する**のです。

たとえば、数を30までしか数えられないのに、ある日が何曜日に当たるかをほんの数秒で4万年以上もさかのぼって計算できたり、自分の生涯のどの日の天気も正確に言えたりするのです。そうした人々のことをサバン症候群といいますが、日本人としては、放浪の画家といわれた山下清さんが有名です。

赤ちゃんは生まれるときに酸欠にならないの?

普通、大人が酸欠状態に陥ると、脳細胞は1~2分でどんどん死んでしまいます。赤ちゃんは、産道を通り抜けるのに2時間くらいかかるわけですが、なぜ、酸素不足で脳に障害を起こすようなことがないのでしょうか。

何しろ、その間、酸素はへその緒を通じて母親から送られてはいるものの、外気呼吸への切り替えに備えて、子宮にいたときよりは機能は低下していますし、へその緒が圧迫されて酸素がうまく運ばれないことだってあるのです。

これも実にうまくしたもので、生まれたての赤ちゃんの血液には、酸素を運ぶ赤血球が非常に多く含まれています。出産の試練に備えて、妊娠後期から増えてきているのでしょう。その数は、大人が４００万ぐらいなのに対して、６００万にも上ります。これは、酸素の薄いヒマラヤで働くシェルパたちと同じ数でもあります。

そんなわけで、生まれてすぐに呼吸できなくて15分くらい仮死状態が続いた赤ちゃんでも、脳細胞には影響がないことがわかっています。

胎児の心臓は意外なほど速く打つ！

妊娠の診察では、必ず胎児の心音を聞かせてくれます。もちろん、それによって胎児の健康状態を診るためですが、母親にとっては、おなかの中で赤ちゃんが元気にしているのがわかって、とても嬉しいもの。特に、妊娠を告げられたときに、はじめて聞いた心音に胸を熱くしたという母親の声もよく耳にします。

妊娠4カ月頃には、1分間に120〜160回も打つのですから、大人の倍以上。そして5カ月が過ぎると、1分間に80〜100回くらいになります。それでも、マイクを伝わって聞こえてくる音は、「パカッ、パカッ」とまるで馬が勢いよく走る音そっくり。それは、小さな胎児の鼓動とは思えないほど激しく感じられます。

さて、心臓の原型ができるのは、受精後18〜19日目。はじめのうちは不規則で、ゆっくり拍動していますが、さらに3週間くらい経つと規則正しく、拍動も速くなります。こうして人間の心臓は、80〜85年の間、1日も休まず働くことになるのです。

お腹の中では、どんな音が聞こえる？

お腹の中は静かかといえば、決してそうではありません。ためしに、誰かのお腹に耳を当ててみてください。胃のあたりで「ゴロゴロキュー」などと聞こえてくるはず。このゴロゴロという音は、胎児にとってはうるさい音の一つ。何しろすぐ近くで聞こえるのですから。

そして、**常に聞こえる音が心臓の鼓動の「ドキドキ」する音と、心臓から全身に血を送り出している大動脈を流れる血液の「サーッサーッ」という音**です。

そして、お母さんの声。これは外からだけでなく、体を通って胎児に伝わります。これも人の背中に耳を当ててその人にしゃべってもらうと、ちょっと低く響くような声がします。胎児が聞いているのは、そんな声かもしれません。また、胎児は羊水の中で聞いているわけですから、水に潜って外にいる人の話し声を聞くのに似ているのかもしれません。

母親の声の中でも、「ダメ」と強い口調で言ったときは、とてもよく聞こえるそうです。

もちろん、お父さんの声だって聞こえますから、夫婦喧嘩も聞こえれば、愛のささやきも聞いています。赤ちゃんに内緒の話は、しようと思ってもできないというわけです。

「脳をぐんぐん発達させる音」って何？

心音や、母親の穏やかな話し声、小鳥のさえずりや、風のそよぐ音などの自然音、それに軽やかで静かな音楽——こうした、ゆらぎのある心地よい音は、アルファ波（脳がリラックスしているときに出す）を導き出します。つまり、脳の発達にもいい影響を及ぼすことになります。逆に、耳ざわりな音ばかり聞かされていると、悪影響が出ます。これは、サルの実験でも証明されていることです。

妊娠中のサルにやかましいブザーの音を聞かせたところ、ブザーが鳴るたびに、母子ともに血圧がグンと高くなり、そして生まれた後も子ザルは落ち着きがなく、情緒不安定な傾向が見られたといいます。

前述のように、胎児の間は、どんどん神経細胞を増やそうと頑張っています。神経細胞同士がお互いに手を伸ばしてつくるネットワークもどんどん増えていきます。また、将来あらゆる運動や感覚を司るもととなる細胞からも、神経のアンテナが枝分かれして、脳をより精巧なものにつくり上げていくのです。

これほど大事な脳の成長期に不快な音ばかり聞いていれば、ベータ波（脳が緊張状態のときに出る）を導き出すことになり、脳の成長の妨げになるでしょう。逆にアルファ波を導き出せれば、細胞は活発に働くというわけです。

もし、**コンサートに行って胎児が激しく暴れ出すようなら、それは胎児にとって不快な音の証拠**。決して楽しく踊り出しているのではありません。

胎盤の「すごい仕組み」を知っている？

胎盤は、人間の臓器の中でも特殊なものです。卵とともに現われて、280日かかって胎児を育て上げると、その一生を終えてしまうのですから。そして、次の子どもを育てるときには、また新しい胎盤がつくられるのです。その大きさは、妊娠末期に15～20センチ、厚さ1・5～3センチに成長し、重さは約400グラム。この小さな臓器は、胎児の生命維持、母親の妊娠維持など、たくさんの働きを持っています。

まず何よりも胎盤があるおかげで、〝異物〟である胎児が、拒絶されずに母親のおなかの中にいられるのです。つまり、**胎盤の働きによって母親と胎児の血液は混じることなく、栄養分や酸素、老廃物などの物質交換ができる**というわけです。

しかし、いったいそれはどんな仕組みなのでしょうか。

胎児と胎盤をつなぐへその緒は、胎児側の太い血管がらせん状になって通っています。この血管が胎盤の内部まで入り込んで随所に枝分かれしていて、先はブドウの房のようになっています。この房の中には胎児の毛細血管が来ていて、それは膜によって覆われています。そして、この房は、胎盤内部にある空洞に突き出ているのです。

一方、この房の反対側には、母親の動脈がそばまで来ています。この動脈は、なんと胎盤内部の空洞に口を開いていて、母親の心臓の鼓動に合わせて勢いよく血液を噴き出しています。

噴き出された血液は、房にある胎児の毛細血管に勢いよくぶつかります。このとき、**毛細血管を覆っている膜を通して、浸透圧によって物質交換が行なわれている**と考えられています。しかし、この物質交換については、まだよくわかっていません。

とにかく、こうした方法によって、胎児と母親の血液は、すぐそばまで来ていながら、決して混じることなく過ごすことができるのです。

赤ちゃんは生まれてすぐに、なぜ泳げるの？

胎児期を水の中で過ごした赤ちゃんにとって、泳ぐことは苦にならないのではないか——そう考えてサルで実験した人がいて、確かによく泳いだそうです。

世間の〝ベビースイミング〟の光景を見ても、水の中に放り込まれた赤ちゃんは、気管に水を詰まらせたり呼吸したりすることなく、平然と目を開けていられます。

これは、**赤ちゃんの鼻孔・咽喉《いんこう》あたりに潜水反射のセンサーがあるため、水に潜った瞬間に呼吸を止めることができる**からです。ちなみに、水鳥が水に潜って魚を捕るときにも同じ反射機能が使われています。鳥類の場合は、クチバシの3分の1あたりまで水に触れると、呼吸が自動的に止まる仕組みになっているのです。

ただし、人間の場合はちょっと困ったことがあります。それは、**妊娠末期に羊水を飲んでいた赤ちゃんは、その習慣で、プールに入ったとたんに水を自動的に飲んでしまう**のです。プールの水は、

羊水に含まれていた電解質を含んでいないため、赤ちゃんの血液が薄まってしまい、水中毒を起こす可能性があるのです。

赤ちゃんの視力はどれくらいある？

生後3カ月をすぎると首も座り、腹ばいにすると顔を少しもち上げるようになります。周囲の人の笑顔によく応えるようになるのもこの時期ですし、おもちゃを目の前に近づけるとまばたきをしたり、赤や緑のきれいな色彩のおもちゃを目から30～40センチ離してゆっくり移動させると、顔の向きを変えて目で追いかけもします。

このときの視力は0・1。近くのものがようやく見え始めてきたせいで、動くものに興味を示し始め、両目で追うようになるのです。生後3カ月から1歳くらいまでが、いちばん目の発達が進む時期でもあります。

生後6カ月をすぎると、たいていの赤ちゃんは、あお向けから横ばい、寝返り、早い子ではハイハイが始まる場合もあります。視力は0・2に伸び、目の前50センチのものが見えるようになってきます。

お座りができるようになると、ハイハイしていたときに比べて断然視界が広くなり、それに合わせて赤ちゃんの興味も広がるので、何でも見たがります。

1歳の誕生日を迎える頃には、視力は0・3に伸びるといわれています。この頃の赤ちゃんは伝い歩きを始めてさらに目の位置が高くなり、視野が広がっていきます。それに合わせて好奇心も旺盛《おうせい》になり、目につくものは何でもさわったり、口にもっていったり、たたいたりで、目が離せずにハラハラさせられる時期でもあるのです。

どうして出産したとたんに母乳が出るの？

妊娠すると、おっぱいが張ってきて、徐々に哺乳の準備が進められます。しかし、うまくしたもので、分泌抑制因子によって、出てくることはありません。

それが、赤ちゃんが生まれて「オギャー」の産声《うぶごえ》を聞いたとたん、胸がキュンとなって「おっぱいよ出ろ」とばかりに母親の大脳に信号が伝えられるのです。そして、脳下垂体からプロラクチンという催乳ホルモンが分泌されて、乳房に「おっぱいよ出ろ」の信号が伝えられるのです。

このようにプロラクチンは、お母さんが赤ちゃんをかわいいとか、愛《いと》しいとか思うことで分泌されます。また、赤ちゃんの体を優しくなでたり、乳首をふくませることでも分泌されるのです。

しかし、プロラクチンが出ても、すぐにおっぱいが出るわけではありません。乳腺が開くまでには時間がかかるのです。2、3日は出なくても、根気よくやっていると、徐々に量は増えていきます。それをちょっと出が悪いからと粉ミルクを与えると、赤ちゃんも楽なほうを覚えて、おっぱいを吸う努力をしなくなるといいます。

ちなみに、一般的に**新生児は、母乳が出始める2、3日の間は、少ない量でも生きていけるように、水分もカロリーも蓄えて生まれてきます。**

一般に病院でのお産の場合、産後12～20時間経ってから授乳が開始されますが、最近は生まれたとたんに母親に抱かれてお乳をふくませるところもあるようです。早ければ早いほど、母乳の分泌もよくなるわけですし、母と子の絆を結ぶのにも役立つといわれているからです。まずは、最初が肝心というわけでしょう。

4章

乾電池は、なぜ使わなくても減るの？

……ナットクの「科学」雑学

なぜ、いなずまはジグザグに進む？

雷が鳴っているときに、空を見たことがありますか。

いなずまがギザギザの形にピカッと光って見えます。恐ろしくてとても見ることはできないという人でも、いなずまの写真くらいは見たことがあるでしょう。

確かにジグザグの道筋を進んでいくのが見えます。ときには枝分かれしていることもあります。

いなずまは、雲と地面の間の火花放電です。空気はもともとは電気を通しませんが、高い電圧がかかるとイオン化（中性でなくなる）して、火花を散らしながら放電します。しかしそれなら、雷と地面の間を一直線に進んでいってもいいのに……と思います。

ところが空気は、部分的にイオン化が進んでいるところや、湿気の多いところがあります。

電気は遠回りが嫌いなので、なるべく抵抗の少ない最短距離を通ろうとして、空気の絶縁の弱いところをぬい、ジグザグに進むようになるのです。

熱を出さないのに、なぜ電子レンジで煮えるの？

「温度が上がる」ということを、ちょっと難しく説明すると、「そのものを構成している原子が激しく運動してぶつかり合うこと」です。運動が激しくなれば、それだけ温度も高くなります。だから外から熱を加えなくても、ほかの方法で**原子を激しく運動させてやれば、その物質の温度はどんどん上がっていく**わけです。

電子レンジにはマグネトロンという真空管が入っており、スイッチを押すとそこからマイクロウェーブという電波の一種が発射されます。「電波」はプラスとマイナスの組み合わせですが、マイクロウェーブの場合は1秒間に24億5000万回のプラスとマイナスの組み合わせが起きます。これが周波数というもので、2450MHz（メガヘルツ）と表わされます。

電子が物質に当たるとその瞬間、物質を構成する原子にプラスの部分とマイナスの部分ができます。マイクロウェーブの場合は、1秒間に24億5000万回もプラスになったり、マイナスになったりするので、原子のプラスの部分とマイナスの部分は、マイクロウェーブのプラスとマイナスが当たるたびに引き合ったり（プラスとマイナス）、反発したり（プラスとプラス、マイナスとマイナス）して激しく運動。その結果、温度がどんどん上がっていくわけです。電子レンジはこのように食べものに直接作用するので、栄養が壊されにくく、省エネにもなるのです。

蛍光灯は何も入っていないのにどうして光る？

誤って割ってしまった人は知っているでしょうが、蛍光灯の中には何も入っていません。でも、ただのガラス管がどうして光るのでしょうか。

実は蛍光灯は、ただのガラス管ではなく「放電管」というものなのです。

放電管は、真空に近い状態にまでガラス管の中の空気を抜き、両端にある端子に高電圧をかけることによって光を発します。では、何が光っているのでしょう。

放電管では端子に高電圧がかかると、マイナス極から電子が飛び出します。電子というのは、原子の中で原子核の周りを回っている小さな粒ですが、高電圧をかけると原子から外れて飛び出してきます。

端子から飛び出した電子は、近くを飛んでいる気体（原子の状態になっている）にぶつかって、気体の原子の中に飛び込みます。電子が原子に飛び込むときにはエネルギーが低い状態になるので、そこでエネルギーを放出しますが、そのエネルギーが光に変わってガラス管が輝くのです。

電子に飛び込まれた原子からは、電子が一つ飛び出します。そして、玉突きのように次々に衝突をくり返して、電子はプラス極に達します。こうして電子がガラス管の中を移動するので、導線がなくても電気が流れるのです。

飛行機雲がなかなか消えないのはどうして？

飛行機雲ができる条件は、２つあります。まず、飛行機が高度６０００メートル以上の上空を飛んでいるとき。そして、そのあたりの空気が十分に湿っていることです。

一般に雲というのは、空気中の水蒸気が冷やされて水や氷に戻ろうとし、大気のチリなどにくっついて氷結してできます。飛行機雲も同じ現象で、エンジンから吐き出されたガス中の水蒸気が、同じガス中の細かい燃えカスを中心にして氷結したものです。

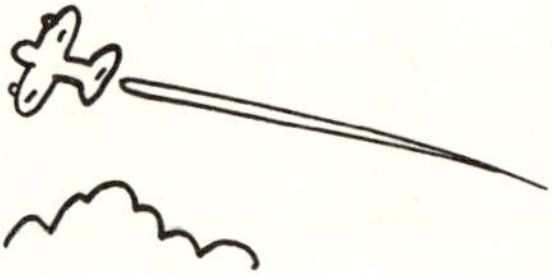

排ガスの水蒸気が十分に冷えるにはマイナス30度以下の低温が必要なのですが、その気温になるのが高度6000メートルを超えたあたりから。
また大気が乾燥していると、排ガス中の水蒸気は、じきに大気中に散ってしまいます。
要するに飛行機雲がなかなか消えず、いつまでも空にひと筋残っているときというのは、**高度6000~7000メートルの上空の湿度が高いとき。**
すでに空気中には水蒸気が多量に含まれていますから、飛行機の排ガスでできた氷結や細かな水滴が、水蒸気に戻りにくくなっています。そのため飛行機が去った後も長い間、雲として残っているのです。

ビールの泡はどうしてできるの？

泡の正体は炭酸ガス。ビールが発酵するときにできたものです。酵母によって発酵させられたビールは、発酵中に炭酸ガスを生成。これが液中に溶け込みます。**発酵中のビールは圧力が高いため、溶け込むガスの量も多くなります。**普通の圧力のときの2倍もの量が溶けて混じるといいます。液体との割合でいえば約0・5パーセント、つまり、ビール100ミリリットルに対して0・5ミリリットルの炭酸ガスが含まれているのです。こうして閉じ込められた炭酸ガスは、ビンや缶を開けると同時に気化しようとして、液体の表面に一気に集まる……これがビールの気泡なのです。

液晶でどうやって文字を表示しているの？

計算機や時計の文字盤に液晶が使われていますが、この液晶って、いったいどんなものなのでしょう。文字通り、「液体」と「結晶」の中間のものなんだ、といわれますが、これだけではちょっとわかりません。

液体は、分子がバラバラになって、かなり自由に動き回っている状態です。だから流れるし、容器によって形が変わります。それに対して結晶は、分子が決まった位置にあって、ビルのようにがっちりした構造になっています。

液晶は、液体であるにもかかわらず、結晶のように分子が規則正しく並んだものです。しかし、がっちり組み合って動かないわけではなく、電流を流したりすると位置が並び替わります。

では、どうして液晶がディスプレイに文字を浮き上がらせるのでしょう。

液晶の分子は、一定方向にねじれた形で並んでいます。ここに「偏光」を通します（普通の光はいろいろな方向に振動していますが、偏光というのは光を偏光フィルターに通して一つの方向に振動するものだけを選び出したものです）。

偏光の振動面は、液晶分子の並びによってねじれ、液晶を適当な厚さにすると、偏光が垂直にねじれます。ここに、初めのフィルターと直角になるような偏光フィルターを置くと光が通り、この部分の画面は明るく見えます。

また、電流を流すと、液晶はねじれずに電流の方向に沿って整列していくのですが、偏光はねじれずに進むので、直角の偏光フィルターで遮断されてしまいます。すると光が通らず、画面は暗く見えます。

こうして、ディスプレイの部分部分の電流を切ったり入れたりして、文字を浮かび上がらせているのです。ちょっと難しかったでしょうか。

ガスの火がガス管に逆流する心配はない？

この質問に対して、「火をつけているときはガスが噴出しているので大丈夫」と考えた人がいたら、それは間違いです。

ガスは火をつけると簡単に燃えてしまいますが、どんなによく燃えるものでも、そのもの（ガス）があるだけでは、火をつけても燃えません。それは次の事実を考えればよくわかります。

アルコールランプの芯はなぜ燃えないのでしょうか。

アルコールランプの芯はランプの壺から吸い上げたアルコールをたっぷり含んでいます。にもかかわらず燃えないのは、たっぷり含まれたアルコールが被膜となるため、空気と触れ合わないからです。

そうです。燃えるとは言葉を換えると酸化作用ということですから、酸素の供給がなければ燃えません。ガス管の中には燃えやすいガスが充満していますが、まさに充満しているので、空気の入る余地がないのです。だから、〝逆流引火大爆発〟することは絶対にあり得ません。

感圧紙は、インクもついてないのになぜ下の紙に字が写る？

感圧紙とかノーカーボンペーパーと呼ばれるものがあります。

2枚の紙が重なっていて、上の紙にボールペンのような先のかたい筆記用具で書くと、下の紙にも写るというものです。宅配便の送付伝票の一部にも使われているので、見たことのある人は多いでしょう。間にカーボン紙が挟んであるわけでもなく、上の紙の裏にインクがついているわけでもないのに、実に不思議です。

これは、２枚の紙の化学反応によって着色するようなしくみになっているのです。上の紙の裏には、**無色の発色剤をマイクロカプセルに入れたものが塗ってあり**、下の紙の表面には、酸性の顕色《けんしょく》剤が塗布してあります。

この紙の上からボールペンで強く書くと、マイクロカプセルが破れて発色剤が出ます。発色剤はそのままでは無色ですが、酸性の物質に反応すると発色します。それで、下の紙にも同じ文字が写るのです。

コピーがとれるのは静電気のおかげ!?

世の中いろいろ便利になりましたが、もしこれがなくなったら大変なことになるだろうというものにコピー機があります。洗たく機や掃除機くらい２、３日なくたって平気で暮らせますが、コピー機が２、３日世の中から消えたとしたら大混乱です。

30ページの会議資料を10部ずつ用意するのだって、パソコンを使って印刷し直して、なんてやっていたら手間ですし、全部手書きでつくったら1カ月もかかってしまうでしょう。でも、コピー機があれば、自動的に30部そろえてステープラーでとめてくれて5分もかかりません。

大変ありがたい機械ですが、どういう仕組みで一瞬のうちに複写できるようになっているのでしょう。

ちょっと意外ですが、**コピー機が複写する仕組みは「静電気」**なのです。

機械を開けると、大きな筒があります。これが、コピー機の心臓部ともいえるドラムです。この表面には、感光物質が塗ってあり、コピーをとるごとに負に帯電します。

文書をガラス板の上に乗せてスタートボタンを押すと、画像投影装置が投影されます。文書の白いところは、光を反射してドラムに当たります。光が当たったところは電気がなくなり、黒い部分だけに負の電荷が残ります。そこに、正の電気をもった黒い粉「トナー」をくっつけると、帯電している黒い部分だけにつきます。

これを紙に転写して熱で固定すると、ホカホカのコピーが「一丁上がり」というわけです。

クローン牛って、どうやってつくるの？

同じ遺伝子をもつ生物を、クローンといいます。クローンというと、かつては「独裁者が自分と同じ遺伝子をもった子どもをつくらせる」とか、SFの世界の話でしたが、いまや、優良な品質の家畜を早く大量生産するため、実際にクローン牛が世界各地で育てられています。でも、同じ遺伝子をもった牛をどうやって何頭もつくるんでしょう。

まずは、受精のメカニズムから。精子と卵子の細胞が合体して、1つの受精卵になります。受精卵はすぐ細胞分裂を開始して、2、4、8、16と倍ごとに細胞数を増やしていきます。これらの細胞は、1つの細胞から分裂していったのですから、すべてが元の受精卵と同じ遺伝子をもっています。

この受精卵が8か16に分裂したときに、細胞を一つずつに分けてしまいます。そうすると、分けられた個々の細胞が、また細胞分裂を始めます。この段階では、一つひとつの細胞はまだ1頭の牛になる能力をもっているということです。そこで、バラバラにした細胞を一つずつ別の牛の子宮に入れて育てれば、同じ遺伝子をもった牛が8頭から16頭、一度に生まれてくるというわけです。

牛は一度の出産で1頭しか産まないので、一生にせいぜい10頭くらいしか産めませんが、優良品種の雌牛にホルモンを与え、多数排卵させてクローン牛をつくれば、優良品種の牛ばかりが大量生産できるようになるわけです。生きものの大量生産だなんて、牧場もとうとう食品工場のようになってしまうのですね。

牛ばかりじゃなく、クローンのサラブレッドをつくって、16頭立てで走らせてみたら……近い未来には〝クローン・ステークス〟なんていうのができたりして。

プラスチックをつくるバクテリア、知っている?

プラスチックの原料といえば、化学合成品の最たるものと思っていたのに、何とプラスチックをつくり出すバクテリアがいるというから驚きです。

１９２０年代にはすでに、**体内でポリエステルをつくっているバクテリア**がいることが知られていたそうですが、これらのバクテリアを積極的に使ってプラスチックを製品化しようという動きが現われたのは、60年代に入ってからです。そして１９６５年には、アメリカで手術用の糸がつくられています。天然素材ともいえるわけですから、体内に入っても異物反応が少ないと考えられたのでしょう。

でも、積極的に利用するのはこれからです。バクテリアのプラスチックは、「石油や石炭のような物質を利用しなくてもよい」「土中で分解する」などという大きな利点をもっています。これからの環境問題を考えると、大いに開発が進んでほしいものの一つです。

クオーツ時計の中の水晶って何をしているの？

時計の種類の一つに、クオーツ時計があります。

クオーツというのは、英語で「水晶」という意味ですが、クオーツ時計の水晶は、正確な時を刻む時間源として働いているのです。

どうして石が時間を刻むのか不思議ですが、水晶は、ある面に沿って薄く切り、両面に電圧や力を加えると、振動して交流電流を起こすという面白い性質をもっています。クオーツ時計は、この性質を利用しているのです。

水晶に交流電圧を加えて振動させると、水晶のほうでも交流電流が発生します。この電流をトランジスタにかけて高圧にし、もう一度水晶に加えると、外から電圧を加えなくても正確な周期で振動して、交流電流が発生します。この周期が、時を刻む時間源となるのです。

水晶は、一度振動し始めれば外からの電流は不要ですが、トランジスタをはじめ、ほかの部品には電力が必要です。だから、やはり電池は必要なのです。

どうして濡れた洋服は色が濃くなるのか

どんな材質の布でも、濡らすと色が濃くなります。これは、どうしてなのでしょう。「色が見える」ということは、「その色の波長の光を反射している」ということです。布を濡らしたところで色そのものは変わりませんから、反射している光の種類は変わっていません。

色は、反射する量が少ないほど黒っぽくなります。光を全部反射すると真っ白に、全部吸収して反射する光がないと真っ黒に見えます。**色が濃くなるというのは、反射する光の強さが減ったということ**です。

衣類をよく見ると、表面は繊維がデコボコしていますが、こうした面は光をよく乱反射します。そこに水がしみ込むと、このデコボコがなくなります。それで、反射する光の強さが減るのです。また、水は光をよく通しますが、あまり光を反射しません。「水鏡」ともいいますが、それは面が平らなときだけです。

洋服が水にぬれると、繊維に乱反射がなくなり、反射しにくい水がしみ込むために光の反射が弱まるので、洋服の色は濃く見えるようになるのです。

電波はどうして地球の裏側まで届くの？

電波が波のように広がるものだとしたら、アンテナから宇宙の彼方《かなた》へ飛んでいってしまいそうな気がします。

でも実際には、地球の裏側から発信された電波が届きます。地球が丸いことを考えると、変ではありませんか？

結論からいうと、**電波は空と地面に反射しながら、地球の裏側まで届く**のです。地球の上空には、空気がイオンに分かれている「電離層」があります。電波はそこにぶつかって反射し、地面にぶつかって反射し、また電離層にぶつかり……というふうにして進みます。

しかし、このような進み方ができるのは短波だけです。長波や中波では、長い距離を進んで電離層の下のほうで反射し、また地面に届くまでに長い距離を進むので、途中で大気に吸収されてしまいます。

かといって、電離層の高いところで反射される超短波では、反射されて地上に届く電波は非常に弱くなってしまいます。
というわけで、テレビやラジオでは、近い場所に飛ぶ直接波だけを利用しているのです。

核分裂で、なぜ莫大なエネルギーが出る？

核分裂でウラン1グラムが出すエネルギーは、ドラム缶10本分の石油に相当します。核融合で重水素1グラムが出すエネルギーは、ドラム缶44本分です。

核分裂も核融合も、物質そのものがエネルギーに転換する反応です。どうして、物質がエネルギーに転換するときには、燃焼に比べて莫大なエネルギーが出るのでしょうか。

物質がエネルギーに転換する反応のもとになる考えは、あの有名なアインシュタインの「相対性理論」です。これによると、物質そのものがエネルギーに変わるときのエネルギーと、エネルギーに変わった物質の重量の関係は、次のようになります。

$E = MC^2$（エネルギー＝質量×光速の2乗）

光の速さは、けた外れに大きな数です。それが2乗された数がかけられるのですから、想像を絶するほど莫大なエネルギーになるのです。

幻覚剤LSDは、こんな食品のカビからできる！

小麦にある種のカビがつくと、穂の中に、1～5センチメートルくらいの、紫がかった褐色の角形のものができます。これを麦角《ばっかく》といい、血管を収縮させる猛毒を含んでいて、これが体内に入ると手足の血行を妨げて壊疽《えそ》を起こし、ひどい痛みも感じないうちに手足が腐ってしまうのです。

小麦に1パーセント未満の麦角がついていても、中毒が起こります。ローマ時代には、麦角のついた小麦で1年に数万人もの人が亡くなったといいます。

しかし、このように恐ろしい猛毒も、適量を用いれば薬になります。子宮の収縮を促すため、分娩時に用いられるようになり、20世紀に入ると、麦角からいろいろな成分が抽出されて研究が進みました。スイスのサンド社で、麦角から取り出した成分をもとにつくられたＬＳＤもその一つです。

研究員が、それをちょっとなめてみて、異常な体験をしました。周りの人々が彩色された漫画のように見えたり、水面に映った画像のように見えたのです。これが、ＬＳＤが幻覚剤として世に踏み出した第1歩です。

ハーバード大学心理学教授のティモシー・リアリーは、アルコール中毒の治療にＬＳＤを用いいましたが、やがてこともあろうに学生たちにもすすめ、幻覚を体験させます。そして愛用者が増えてくると、**ＬＳＤを〝魂の救済〟と結びつけた宗教を興し、自ら教祖となった**のです。

これがきっかけとなり、アメリカでは若者や学生の間でＬＳＤが大流行し、大きな社会問題になりました。日本では初めから麻薬として取り扱われたので、ＬＳＤ禍からは逃れられましたが……。

ＬＳＤというのは、物質名のリゼルグ酸ジエチルアミドの「Ｌ」、サンド社の「Ｓ」、商品名のデリシッドの「Ｄ」の頭文字を重ねたものです。

雨が降ると衛星放送の映りが悪くなるのはなぜ？

山間部でもビルの谷間でもよく映るはずの衛星放送。しかし雨の日、特に大粒の雨がどしゃ降りのときなどは、地形にかかわらずいつもと比べて映りが悪くなってしまいます。雨と電波の関係、いったいどうなっているのでしょう。

まず電波の波長を考えてみると、衛星放送の周波数は12ギガヘルツ。**電波の山から山、または谷から谷までの長さに換算してみると、約2・5センチ**になります。

一方、雨粒のほうは、しとしと降っているときで直径0・4ミリ、並の雨で0・8ミリ、どしゃ降りなら5ミリ以上。雷を伴うと水滴が帯電し、プラスとマイナスの水滴が引き合ってくっついてしまうために、直径10ミリにもなってしまうことすらあります。

衛星放送の電波の波長に比べると、こんなにも大きい雨粒は、電波をはじき、ぶつかり合わせ、散乱させてしまいます。さらに雨滴には電波を吸収する働きもあるのです。

これでは、受信アンテナに電波が届きにくくなるのも当然です。

対策は一つ。大きめのアンテナを使って電波をたくさん集めることです。

月の引力が人をハイド氏に変身させる!?

夜空にポッカリ浮かぶ月には、科学と呼べる研究方法がまだ存在しなかった時代から、世界各国でさまざまな面白い話が伝えられています。

よく知られているものとして、『ジキル博士とハイド氏』。このモデルとなったチャールズ・ハイドは、新月と満月の夜にかぎり、ふだんの彼からはまったく想像もつかないような常軌を逸した犯罪に走り、裁判では「月による間欠性精神病《ルーナシイ》のせいだ」と主張したそうです。1854年当時、月による精神異常という抗弁は受け入れられず、結局彼は監獄行きとなりました。

ところが現在は、月が生物の体や行動に影響を及ぼすことを科学の眼でとらえるという試みがあります。〝バイオタイド理論〟というのがそれで、医学博士のアーノルド・リーバーが『月の魔力』という本で詳しく紹介しています。

たとえば、満潮になると殻を開くカキ、満月か新月の直後の夜にだけ産卵するトウゴロウイワシ……ほかにも枚挙にいとまがありません。海に棲む動植物が月の影響を受けるのは、海自体が月の引力の影響を受けて満ち引きしているのですから、納得しやすいところでしょう。

では、人間はどうでしょうか。人間の体は、70パーセントは水分、30パーセントが固体です。これは奇《く》しくも、地表の大部分をおおっている海とわずかな陸地という地球の姿と呼応しています。**地球上の水に直接影響を及ぼす月の引力は、人体の水分にも同じように作用する**とも考えられます。

月の引力が体液のバランスをくずして水分が多くなりすぎると、組織に過剰な負担がかかり神経を興奮させます。そして、一時的ではあるにせよ、人格が変わってしまうこともあり得るのだそうです。

実際、「満月のとき患者の奇異な行動が多くなる」と報告している精神科医や、「満月の夜には犯罪の発生率が上がる」と言っている警察関係者もいます。後者の場合、マイアミで月齢と殺人事件数のデータをグラフ化したところ、新月と満月時がピークに達していることも判明したのです。

パチッ！　静電気の電圧は5000ボルト以上！

冬の乾燥した日、セーターを脱ぐときに火花がパチパチ飛んだり、車から降りるときにドアにさわってビリッとショックを受けることがあります。にっくき静電気のしわざです。

車に乗っているときなど、シートと衣服がこすれ合って、体の中に静電気がたまります。そして、そのままドアの金属部分にさわると、指から車を通って地面に電気が抜けるため、ビリッと強い衝撃を受けるのです。

このとき、**体と地面との間の電圧は1万ボルト以上**もあります。セーターがパチパチして火花が出るような場合でも、５０００ボルトはあるとみてよいそうです。

こんなに高電圧なのに、なぜ感電死しないか不思議ですが、実は電圧がいくら高くても、流れる電流はごくわずかだから大丈夫なのです。

浄水器には、どんな働きがあるの？

水道水の中には、トリハロメタンなど有機化合物のほかにも、さまざまな物質が入っています。代表的なのが、カルキ臭の原因となっている残留塩素で、そのほかにもカビ臭の素になる有機物、有害重金属や鉄錆《さび》、一般細菌などが入っています。

これらの除去に、ひと役買っているのが浄水器です。有害物質を、活性炭とマイクロフィルターの働きで取り除こうというものです。

活性炭は、木炭、瀝青炭《れきせいたん》、褐炭《かったん》、泥炭（ピート）、ヤシ殻、骨、石油ピッチ、おがくずなど、いろいろな原料を900度くらいの高温で蒸し焼きにしてつくった、穴だらけの多孔体。その無数の穴のおかげで、1グラムあたり、なんと700～1400平方メートルもの表面積があるのです。木炭も穴だらけの多孔体ですが、1グラム当たりの表面積は３００平方メートル。つまり活性炭のほうが、２〜５倍もの表面積を持っています。

これだけ表面積が大きいということは、たくさんの物を吸着します。つまり、トリハロメタン、農薬類、界面活性剤、異臭味成分などの除去に効果を発揮するのです。**毒ガスマスクにも活性炭が使われている**くらいです。においが気になる塩素は、炭素と反応しやすいので、活性炭の炭素との化学反応によって除去されます。

ただし、金属成分は吸着されません。だから、カドミウムなどの有害な重金属は、そのまま流れてしまいます。また、鉄錆や濁り、一般細菌などの不純物は、大きすぎて活性炭の穴では吸着ができません。そこで活性炭の前後にマイクロフィルターをつけて除去する仕組みになっています。

といっても、市販されている浄水器の性能はピンからキリまで。それに、使い方にも気をつけないと効果は期待できません。

たとえば、早めにフィルターを取り替えないと、フィルター内の１カ所だけを水が通ることになるので、その部分の活性炭の能力はどんどん落ちて、塩素は除去されなくなります。

また、活性炭量の多い物を選ばないと、有機化合物は除去できません。さらに、活性炭に汚れがたまってくると吸着能力が落ちるだけでなく、せっかく吸着した汚れを放出し始めるので要注意です。

使わないのに乾電池が減ってしまう理由は?

買い置きしていた電池を使おうとしたら、寿命が切れていたというようなことはありませんか。使わないでいても、乾電池の力はどんどん弱くなってしまいます。どうしてなんでしょう。空気を伝わって、プラス極とマイナス極の間に電気が流れているのでしょうか。

その秘密は、「乾電池が化学反応によって電気をつくり出している」というところにあります。**電気を流さないでおいても、化学反応は少しずつ起こってしまいます。**それで、電池が減ってしまうのです。

気温が低いと化学反応の進みが抑えられるため、涼しいところに保存しておくと、やや長もちします。また、乾電池は長時間使い続けるよりも、休ませながら少しずつ使ったほうが長もちさせることができます。

なぜ金属だけがキラキラ光っているの？

ほかの物質は光らないのに、金属だけが独特の光沢をもっています。金は黄金色、銀は銀白色。でもいったいどうして、金属だけがあんな風に光るのでしょうか。

前述のように、「ものに色がついて見える」ということは、「その色の光を反射している」ということです。あらゆる波長の色が混じった光を白色光といいますが、白色光をものに当てると、ある一定の波長の色だけを吸収して、残りを反射します。反射された光が色として目に映るわけです。

物質の中で色を吸収するのは、原子の中にある電子です。電子は特定の色の光を吸収して、エネルギー的に高まろうとします。ところが、金属の電子はほかの物質と違い、原子を離れて金属の中を飛び回っています。エネルギー的に高まる必要はないので、受けた光を90パーセント近く、はね返してしまいます。それで、あんなふうに光っているわけです。

ただ、銅と金の場合には電子が自由に動き回るのに制限があり、特定の波長の色を吸収しやすくなっています。そのため、金は黄金っぽく、銅は赤っぽく光るのです。

下水処理にはバクテリアが大活躍している!

地中深く埋められた下水道には、なかなかお目にかかることはできませんが、どのような仕組みになっているのでしょう。

家庭から出た排水やし尿は、家の排水管を通って、家の前の道路の下に埋まっている下水管に流れ込みます。下水管は排水を集めながらしだいに太い管につながり、やがて〝幹線〟に入って最後は下水処理場へ。下水道の幹線は、太くて大きく、なかにはトラックが走れるほど太いものまであります。

万が一の汚水漏れのことを考えて、水道管やガス管よりも下に埋設。しかも、水が自然に流れていくように緩い傾斜がつけてあるので、だんだん深くなっていきます。それで、ところどころポンプで水を汲み上げながら、下水処理場へたどり着くのです。

　下水処理場では、まずスクリーンで粗ゴミを除去。野菜クズやちり紙などの小さいものばかりでなく、どこから放り込んだのか、何とベッドが入っていたこともあるとか。次に、沈砂《ちんさ》池《ち》で土砂を沈めて除いたあと、「最初沈殿池」に、2〜3時間おいて、比重の重い汚れを沈殿させて取り除きます。

　そして「曝気《ばっき》槽《そう》」で好気性バクテリアを多く含んだドロ（活性汚《お》泥《でい》）を加え、十分に空気を吹き込みながら、4〜5時間かき混ぜると、下水に溶けている有機物をバクテリアが食べ、水素と二酸化炭素などに分解。この水を「最終沈殿池」に入れて汚泥を沈殿させ、上澄みに入っている細菌を塩素で滅菌し、きれいになったところで川に放流するのです。

　つまり**水の汚れを取るのは、沈殿させて、バクテリアに食べてもらうという、最も原始的な方法**。人間は、味噌、納豆、パンなどの食品づくりに微生物をうまく利用してきましたが、食べた物を体から出したあとの処理にも利用しているのです。

どうして水道水の殺菌に塩素を使うの?

塩素は水道水の殺菌ばかりでなく、プールの消毒、洗濯用の漂白剤など、いろいろと使われています。それは、塩素が反応性の高い元素のため。塩素はとても元気のいい元素で、ほかの元素とすぐにくっついては塩化物をつくります。特に水素とはいちばん仲良し。

そこで、塩素を水に入れると水素とくっつきたがり、次亜塩素酸と塩酸になりますが、この次亜塩素酸はさらに分解して単体の酸素を放出してしまいます。**酸素は単体では過激酸素といって、酸化力の強い元素。これが酸化、漂白、殺菌に利用される**というわけです。

酸化作用の強いものは、塩素以外にも、オゾン、過マンガン酸カリウム、重クロム酸カリウムなどがありますが、塩素がいちばん安くて安全。なぜ安いかといえば、塩素は食塩から苛性《かせい》ソーダをつくるときに副産物としてできるものだからです。苛性ソーダは化学工業には欠かせないもので大量につくられるため、副産物の塩素も大量にできるというわけです。

働き者の塩素ですが、働きすぎて問題も起きています。たとえば、皮膚が荒れたり、食べものに含まれるビタミンを破壊してしまったり。あまり多量に使わないほうがいいようですが、河川の水の汚れはひどくなるばかりで、水道水に入れる塩素の量は増えているのです。

高山では100度以下で水が沸騰するのはなぜ？

富士山のような高山で水を沸かすと100度以下で沸騰してしまうし、ご飯も普通に炊《た》いたのでは生煮えになってしまいます。標高が高いところは気圧が低いため、水の沸点が低くなるからです。

では、どうして気圧が低いと、温度が低くても水は沸騰してしまうのでしょう。

沸騰とは、水の中から水蒸気の泡が発生してくる現象です。水の中の泡がつぶれないためには、外から押す気圧と、水蒸気が中から押し返す力が等しくなければなりません。つまり、地上の気圧は約1気圧なので、地上では1気圧の気圧と100度のときの水蒸気の圧力がつり合っているということになります。

気圧が1気圧より低くなれば、つり合う水蒸気の圧力も小さくなり、低い温度での水蒸気の圧力でもつり合います。それで、100度以下でも沸騰してしまうのです。

実は地上でも、水が沸騰するのは常に100度ちょうどではなく、気圧によって微妙に変わっています。

どうして粘土を焼くと硬い〝焼き物〟になる?

砂や乾いた土には、粘り気や可塑性《かそ》(押しつけると形が変わり、押すのをやめると変化した形がそのまま残る性質)はありません。

粘土には、粘り気も可塑性もあります。粘土はものすごく小さい粒の集まりで、その粒の間に水が含まれているため、粘り気があるのです。

なぜ可塑性があるのかといえば、粘土の粒と水は、がっちり手を組んでいるのです

が、それよりも強い力を加えると、握り合っていた手がほどけて、押した方向に粒が動きます。そして押すのをやめると、粒が止まった場所で粒と水が再びがっちり手を握り合うためなのです。

この性質を使って、昔から粘土で焼き物がつくられてきました。

では、粘土を焼くとなぜ硬くなるのでしょう。それは、粘土の粒にはいろいろな鉱物が含まれていて、**高温で焼くと粘土の中の鉱物が新しい別の鉱物に変身する**ためです。変身した新しい鉱物は硬く、しかも鉱物同士ががっちりと引き合っているために、焼き物は硬いのだといわれています。

電子レンジで細菌が自滅する!?

雑菌は熱で死ぬ。ならば、電子レンジで加熱しても殺菌できるのは当たり前でしょ。

――と、したり顔をするのはちょっと待ってください。電子レンジの殺菌は、原理も能力も少し違うのです。

料理に再度火を通すことで腐敗を防いだり、ふきんや哺乳ビンを煮沸消毒したりと、一般に加熱すれば殺菌することはできます。食品や湯の温度を上げることによって菌に熱を与える、というやり方です。

電子レンジの場合は、電波が食品の分子を動かして摩擦熱を起こさせるのと同時に、細菌にも同じ作用を及ぼします。つまり、電波の当たった細菌同士が摩擦運動をし、自分たちで熱を発するのです。

その効果のほどを挙げてみると、ふきん1枚に細菌が850万いた場合、30秒の加熱で3万6000、1分で2600、2分で1300に減ります。**大腸菌なら、加熱前に21万いたのが30秒で580、1分で0になる**という強力さ。

自ら動き回り、ぶつかり合い、熱を発してこの結果。熱に弱い菌にとっては、まさに自滅行為です。

発泡入浴剤にはどんな効果があるの?

人気の入浴剤の中でよく見るのが、発泡入浴剤です。錠剤を1つお風呂に入れると、炭酸ガスの泡がブクブクと出てくるというものですが、この泡にはどんな意味があるのでしょうか。

泡そのものにではなく、炭酸ガスに疲労回復の効果があるといわれています。実は、**錠剤から出た炭酸ガスはほとんどが湯に溶け込み、皮膚から体内に入って血液に吸収され、血管を拡張**します。その結果、血液の流れがよくなり、筋肉中に溜まっていた疲労物質をどんどん運び去ってくれるので、疲れが取れるというわけです。

この作用は、食塩にもあります。塩をひとつかみ入れるだけでいいので、試してみてはいかがですか？

霧の中では音の伝わり方が変わるってホント？

山に登ったときに、霧に包まれたことはありますか。次にチャンスがきたら、「音の伝わり方」を試してみてください。

霧の外からの音や、同じ霧の中でも遠くからの音は聞こえにくいのに、比較的近くで出した音が実際の距離以上に近く聞こえたりします。

この不思議、霧が細かな水の粒子だということに原因があります。

霧の外からくる音波は、この水の粒子にぶつかり、乱反射し、吸収されてしまいます。光が水の粒子に当たって虹をつくったり、水に波長の長い光線が吸収されたりするのと同じです。

このように外からの音波が霧の粒に邪魔されるのに対して、霧内部で生じた音波は、乾燥した空気中よりもずっと速く進みます。音の速度は摂氏0度の乾燥した空気中で秒速331・45メートル、水蒸気の中では471・5メートル。ゆえに近くの人の声がより近くに聞こえてしまうというわけです。

エルニーニョ現象が起きると豆腐が値上がりする!?

エルニーニョという言葉（スペイン語で「幼子キリスト」を意味します）、今では異常気象の代名詞のように使われていますが、そもそも南アメリカのペルーからエクアドルにかけての沿岸で、クリスマス頃に生じる暖かい海流のことなのです。

ところが何年かに1度、この海流の温度が異常に高くなることがあり、しかもその高水温が1年中続くことがあります。現在ではこの、年間を通じて続く異常高温水現象のことを、エルニーニョと呼んでいます。

この海域はカタクチイワシの世界最大の漁場ですが、エルニーニョ暖水が栄養分の豊富な冷水の代わりに入り込むと、当然、漁獲量は激減してしまいます。ここのカタクチイワシは、主に家畜のエサに使われていますが、１９７２年はエルニーニョのためにカタクチイワシが不足し、大豆などの農作物を家畜のエサにしなければなりませんでした。

しかも、**この年は天候不順で農作物も不作だったので、大豆の値段が大幅に上がり、その結果、輸入大豆にたよっていた日本の豆腐まで値上がり**してしまいました。

エルニーニョと異常気象の関係はまだよくわかっていませんが、１９８２〜83年には、インドネシアやオーストラリアで旱魃《かんばつ》、ペルー南部では反対に大雨、フロリダでは雪が降り、ヨーロッパは猛暑に見舞われました。また、1997〜98年も同じような現象が続きました。これらの世界的な異常気象の原因がすべてエルニーニョにあるわけではありませんが、何らかの影響があることは間違いないと考えられます。

テトラポッドにはどうして〝脚〟がついている？

防波堤でよく見かけるテトラポッド。4本の脚を正四面体状に組み合わせたあのブロックには、ご存じの通り波を消す働きがあります。

その秘密は、何個か積み上げると「隙間がたくさんできる」こと。専門的には「空《くう》隙《げき》率が高い」という表現をしますが、この隙間の多さがミソなのです。

その昔使っていた立方体や直方体のブロックでは、平面に波が真っ向から衝突し、跳ね返すばかりです。ところが、**テトラポッドを積み重ねたときのように隙間があると、その空間に波が入り込み、波のエネルギーを散らすことができます。**また海面下のテトラポッドでは、隙間を満たした水がクッションのような作用をし、流水のエネルギーを吸収してしまうのです。

テトラポッドが考案される以前には、平面ブロックの改良版として球形ブロックが使われた時代もあったとか。ボールを重ねて隙間をつくると防波堤効果が上がると気づいた技術者が、より隙間を多くし、かつ積んでも崩れないようにと脚つきブロックをつくったのが、テトラポッドの始まりです。

なお、ふだん私たちが使っている「テトラポッド」という名は、実は商標名。「消波《しょうは》ブロック」というのが正式名です。

波の高さはどうやって測るの？

海へ出かけるときには、天気予報の中でもとりわけ波の情報が気になります。しかし、2メートルだの3・5メートルだの、はっきりと数値で表わせる波の高さは、どうやって測るのでしょう。

海に目盛りを当てるわけにもいかないので、**波の測定にはたいてい「超音波式波高計」なる機械が使われます。**この機械は海底に設置され、そこから海面に向かって超音波を発するというもの。超音波が戻るまでの秒数で、海底からの波の谷、海底から波の頂点までの距離がわかり、それをもとに波の高さを割り出すという仕組みです。

また、沖のブイに取りつけた加速度計や圧力計からも、波の高さを測定できます。

水中メガネをかけると水中がはっきり見えるのはなぜ?

近頃はプールで競泳用の水中メガネをかけている人も増えてきましたが、レジャープール施設などでは、多くの人は何もかけずに泳いでいます。でも、メガネなしで目を開けると、底の白いラインもぼんやりとしか見えません。

ところが海で潜るとき、水中メガネをかけると、陸上で見るのと同じくらい、はっきりと海中や底が見えます。水中メガネのガラスはレンズではないのに、不思議です。

でもこの謎は、光の屈折率を考えれば簡単に解くことができます。

水が光を通すときの屈折率は、人間の目の屈折率とほとんど同じです。そのため光線は、水面で1回、目の水晶体《すいしょうたい》で1回と、2度同じ角度で折れて網膜のずっと後ろのほうで焦点を結ぶことになります。これではははっきり見えないのも当然です。

ところが水中メガネをかけると、水と目の間に空気の層ができます。光線は水面、ガラス、空気を透過して目に入るのですが、この空気の層のおかげで、大気中にいるときとまったく同じように焦点を結ぶことができるのです。

ただし、空気中では網膜の手前で像を結んでいる**近視の人となると、話は別。水と目が接していたほうが、屈折率がよくなって大気中よりもはっきり見える**はず。魚の球形の飛び出た目は、屈折率がきわめて大きいのですが、これも水中で物をはっきり見るためのメカニズムなのです。

「ひょう」の落下スピードはどれくらい？

ひょうは積乱雲の中でできた氷晶（氷の微粒子）がもとになって生まれます。

氷晶は気流の激しい積乱雲の中で、落ちたり吹き上げられたりを繰り返し、雪片《せっぺん》と衝突するたびにこれをくっつけて大きくなっていきます。こうしてできたものが、直径5ミリ以上なら「ひょう」、それより小さければ「あられ」と呼ばれます。

大きいひょうは透明な層と白い層が交互に重なっていますが、これは温かいところに落ちてきたときに表面が融け、吹き上げられるとまた凍るため、融けてから凍った部分が透明に、雪片がそのままついたところが白っぽくなるのです。

積乱雲の中の気流がさほど激しくないと、氷晶は小さなまま落ちてあられとなり、これが空中で融けると冷たい雨になって降ってきます。

ひょうの落下スピードはとても速く、直径1センチぐらいなら秒速14メートル（時速50・4キロ）。**大きいと直径5センチを超えることもあり、秒速はなんと32メートル（時速115・2キロ）**。こんなものに直撃されたら、ひとたまりもありません。

1888年4月30日、インドではクリケットボール大の、重さ170グラムのひょうが降り、246人と1600頭の牛、羊、山羊が死んだそうです。

5章

ワインのビンの底は、どうして凹んでいる？

……おいしい「食べもの」雑学

日本人はアルコールに弱い?

外国人と一緒にお酒を飲む機会が多くなってわかったことは、日本人が意外にお酒に弱いということではないでしょうか。このことは医学的にはずいぶん前からわかっていましたが、経験的にわかってなるほど、となるわけです。

アルコールを分解するのは肝臓ですが、お酒はそこでまずアルコール分解酵素によってアセトアルデヒドにされ、さらにアセトアルデヒド分解酵素によって酢酸に変わり、さらにいくつかのプロセスを経て最終的には二酸化炭素と水に分解されます。

このうちアセトアルデヒド分解酵素に2種類のものがあり、この2種類がうまく機能すると分解がスムーズに進み、酔いもスローペースで進みますが、日本人のうち約半数は、この酵素を1種類しか持っていないのです。体質遺伝です。当然そんな人は酔いが早く、一定量を超えると酒乱となり、座を乱すことにもなりかねません。

この**遺伝的素質は、日本人だけではなく、東洋人全般に言える**ことだそうです。

日本人同士で飲むときは、言葉もスムーズに通じるので少々乱れても誰もあまり気にしませんが、外国ではそうもいきません。国内で酒豪といわれる人でも、自重してペースを落とすことをおすすめしておきます。

お燗《かん》を飲むときの「決まりごと」とは？

「燗は人肌がいい」と、よく言います。温まった徳利《とっくり》の底に触れてみて、手と同じくらいの温かさがいちばんうまいというのです。これはまあ、人には好みもあるし、酒にもよりけりでしょうから、こだわりすぎるのは野暮《やぼ》というものです。

で、野暮を承知でもう一つ言うと、燗酒には、飲むべき時期が古くから定まっていたというのです。

酒を燗にして飲むようになったのは平安時代初期といわれていますが、その頃すでに、藤原冬嗣《ふじわらのふゆつぐ》という人が、**「燗酒は9月9日から翌年の3月2日にすること」**と言っていたというのです。当時、酒は宮廷や武家だけのものだったので、儀式や宴《うたげ》のしきたりとしてそう決めたのでしょう。

今では、そんなことにはおかまいなく夏でも飲んでいますが、季節にかかわりなく燗酒が飲まれるようになったのは、江戸時代も中頃になってからのことです。

参考までに、ぬる燗は37〜45度、あつ燗は55〜60度が目安とされ、上等な酒、甘口で香りの高い酒はぬる燗が合うといわれています。また、燗のコツは手早くつけることで、のろのろとやっていると酒の味が落ちる、とうるさい人は言います。

酒を飲む前に牛乳を飲むと悪酔いしない!?

よく、酒を飲む前に牛乳を飲んでおくと悪酔いしないといいます。

その理由として、牛乳の脂肪分とタンパク質が胃壁に膜をつくり、胃を保護するからだというのが一般的に信じられている考え方です。

しかし、本当はそうではありません。実際には、保護膜はつくられても、強力な胃酸の作用ですぐに消えてしまうからです。

では、牛乳は悪酔い防止には何の効力もないのでしょうか。

それが、あるのです。といっても、その**効力が発揮されるのは胃ではなく肝臓**です。

肝臓はアルコールを分解してくれるわけですが、その作業には、タンパク質、脂質、ビタミン類（特にB群とC）が必要です。これらが少ないとそれだけ肝臓の働きは鈍り、アルコールの分解が進まなくなるため、悪酔いするのです。

牛乳がいいというのは、それらの栄養分をたっぷりと含んでいるからなのです。事前に飲んでおけば、それらが肝臓に行くため、アルコール分解作業をパワーアップするのに役立つというわけです。もう一つ言っておけば、牛乳は胃酸を中和するので、空腹感が適度に抑えられ、バカ飲みやバカ食いの防止にも役立ってくれます。

ビールの原料ホップはどんな植物なの？

ビール特有のあの香りと苦味が「ホップ」からくるものであることは知っていても、ホップとは何かと問われて答えられる人は、多くはいないと思います。

そこで、植物学的な解説を少々。

ホップとはアサ科に属する多年生の蔓性《つるせい》植物。つまり、ツルを持つ植物です。

もともとはヨーロッパやアジア大陸に自生していたもので、健胃剤として用いられたとか。茎と卵形の葉にトゲがあり、花は雌雄に分かれています。開花するのは夏で、花の色は黄緑色。楕円形の、ちょうど松ぼっくりのような形の実をつけます。

ビールをつくるときは受精していない雌花を乾燥させ、麦の汁を濾過《ろか》して澄み切った段階で加えます。使用量は、大ビン1本につき約1グラム。

たった1グラムでビールの芳香を決定してしまう、小さな黒幕といったところです。

「肝臓病にシジミ汁」は、本当に効く？

医食同源の考えを基本に持つことわざは数多くありますが、なかには眉つばものも。

でも、「肝臓病にシジミ汁」——これは、かなり効果が期待できます。

シジミの成分には、胆汁の分泌を促す働きがあるのです。急性肝炎や肝硬変の場合

はシジミを食べれば病気が治るという具合にはいきませんが、慢性的に肝臓の弱い人、白眼が黄色っぽくなっている（肝臓が悪いときの一つの症状）人が少しずつ治していきたいときには、効果的な食事療法になります。

肝臓の健康維持に役立つ食品としては、ほかに、鶏卵や脂肪分の少ない乳製品、大豆製品、レバーなどがあげられます。

納豆にはどれぐらいの菌が含まれているの？

まず、納豆のつくり方を簡単に紹介しましょう。

白大豆をよく煮てワラでくるみ、2日以上寝かせます。適温は40〜42度。すると、ワラに付着していた納豆菌が増殖し、大豆が発酵熟成してネバネバになり、あの独特のにおいを出すようになります。

これが納豆です。

現在ではワラについた天然の菌より、バイオテクノロジーで培養した菌を使うことのほうが多いようですが、納豆菌という細菌を利用することに変わりはありません。

この菌、食品となった納豆の中にも、もちろんたっぷりと入っています。どれぐらいたっぷりかといえば、100グラム中になんと1000億個。言うまでもなくピンピン生きています。そして生きたまま腸に送られ、腸の中でもパワフルに働きます。

主な働きは、ビフィズス菌の増殖を助ける、ビタミンの合成を助ける、後からやってきた食品の消化を促す、悪玉の細菌の活動を抑える、などなど。

1000億個の生きた菌を食べているのかと考えると、ハシを持つ手もハタと止まってしまいそうですが、こんなに働きものの善玉菌なら大歓迎です。

七味唐辛子の7つの香辛料を全部言える？

とにかく7種類のブレンドであることは知っているけれど、全種類言ってみろ、と言われると言葉につまるのが七味唐辛子。

では、次にあげてみましょう。

乾燥唐辛子、胡椒《こしょう》、山椒《さんしょう》、黒胡麻《ごま》、芥子《けし》の実、麻《あさ》の実、陳皮《ちんぴ》。

最後の**陳皮というのはみかんの皮を乾燥したもの**で、柚子《ゆず》を使うこともあります。

江戸時代の七味売りは口上を述べながら売り歩いていたそうで、その口上の中にはそれぞれの香辛料の薬効も出てきます。食文化史研究家の永山久夫さんが調べたところによると、こんな具合です。

「サアサア、チトしゃべりましょう。（略）次は黒胡麻。精根《せいこん》気をまし、お髪のつやを出す。次は陳皮。紀の国みかんの皮の製法、実に毒ありて、皮に効能ありて、引きたる風邪を発散す。次は芥子。芥子は温法《おんぽう》の補薬。次は麻の実。お医者方では麻仁といい、淋病消渇《りんびょうしょうかつ》の薬。次に使いますのが朝倉の山椒。からくて大うん薬（便秘薬）」

マッシュルームの産地はなぜ、競馬場の周辺に多いか

英語ではマッシュルーム、フランス語ではシャンピニオン。では日本語では？

これに答えられる人は、かなりの食通か植物通、でなければ長年の競馬ファン、といったところでしょうね。

日本での俗称は「バフンタケ」（和名は「ツクリタケ」）。

エッ！　コロコロとよく太ったあの愛嬌ある姿とはちょっと似ても似つかない、みじめな名前です。

しかしこう呼ばれるようになったのは、姿形とは関係ありません。バフンタケは、**ウマやウシの堆肥《たいひ》を使って栽培される**からです。

ということで、その大産地は、競馬ファンならおなじみの、茨城県は美浦《みほ》トレーニングセンターの周辺。関東のジョッキーをはじめ競馬関係者が生活し、もちろんバフンタケの大好物もどっさり。

これは外国でも同じことで、各国でのマッシュルームの大産地は、みな大きな競馬場の周辺にあるようです。毎日欠かさず、新鮮で良質の堆肥が大量に供給されるので、バフンタケにとっては最高に居心地のいい場所なのです。

トコロテンとカンテンは、どう違うの？

トコロテンは長細い糸コンニャク状のもの、カンテンはみつ豆に入っているサイコロ型のやつ――なんて単純に形で分けていたら認識不足。製法が少し違うのです。**どちらも原料がテングサであるのは同じ**です。テングサは海藻の一種で、干潮線《かんちょう》の近くの岩場などに生えています。水の中では紅紫色ですが、日に干すと白に変わるのが不思議なところ。

干したテングサは、水で煮て柔らかくしたのち、冷やして固めます。これがトコロテンです。

カンテンはさらに手間をかけたもの。トコロテンを凍らせたのちに再びとかし、不純物を取り除いてから、またまた乾燥させます。

要するに、**不純物を取り除いて精製したか否かが、カンテンとトコロテンの違い。**

そういえば、トコロテンには海藻の香りがほのかに残っていますが、カンテンはデザートとしてすっかり洗練されていますね。

ゼラチンはどうやってつくるの?

口当たりは同じようにプリプリしていますが、カンテンとゼラチンは似て非なるもの。海藻が原料の植物性食品がカンテンで、こちらはノンカロリー食。ゼラチンは動物性タンパク質の一種です。

詳しく言えば誘導タンパク質という物質で、天然のタンパク質が熱や酸素などに反応し、変質したもの。市販されているゼラチンの場合、**動物性タンパク質を変質させてつくります。**変質の結果が、あの弾力と透明感になるわけです。

そこで、ゼラチンのつくり方。

材料は、動物の骨や皮、腱《けん》などです。これを石灰液にしばらく浸した後、水を加えて長時間煮ます。これで、タンパク質が熱によって変質します。あるいは、煮沸せず酸を加えて変質させることもあります。

この段階でできたものが、ニカワ。接着剤として知られています。

ニカワは粗製品なので、不純物を取り除いて精製。こうしてでき上がったのが、ゼリーの材料として売られているゼラチンです。

魚の煮こごりもやはりゼラチン質ですが、煮魚が冷めただけでも煮こごりができるのと比べて、ゼリーの材料にするゼラチンのほうは結構手間がかかっているのです。

二酸化炭素はリンゴ、トマトを新鮮に保つ？

二酸化炭素は、植物の働きを高めるのとは逆に、その働きを抑える力も持っているというから何とも不思議な話です。

果実は、木からもぎ取っても呼吸しているので長いこと新鮮ですが、やがて代謝で養分が減り、品質が低下します。ところが、**二酸化炭素の中に保存しておくと、呼吸が抑えられて新鮮さが保たれる**というのです。

たとえば、リンゴを、普通の大気よりも１００倍高い濃度３パーセントの二酸化炭素と、大気の７分の１の濃度３パーセントの

酸素の中で低温保存したところ、呼吸量が半分に減って、それまでより3カ月も新鮮さが保たれたとか。

呼吸は、ガスが濃いほうから薄いほうへ流れることで起こるもの。大気の酸素は21パーセント、二酸化炭素は0・03パーセント。一方、リンゴの中は酸素15パーセント、二酸化炭素6パーセント。放っておけば、酸素は大気からリンゴの中へ入り込み、二酸化炭素はリンゴの外へ出ていってしまいます。そこで、外の二酸化炭素を濃くすることで、その出入りを抑えたのです。

この貯蔵方法は、カキやナシ、トマト、ホウレンソウにも応用されています。また、「酸素は通すが、二酸化炭素は通さない包装紙」に、ブドウを包んで出荷したら、中に二酸化炭素がたまり、ブドウの実が房から落ちるのを防ぐことができたそうです。

天津甘栗の渋皮はなぜ簡単にむけるのか

栗をむくのは、本当にめんどうくさいものです。渋皮が実にくっついてしまい、なかなかむけません。でも天津甘栗なら、指で押すだけで殻が割れて渋皮ごとむけます。

これは、そもそも栗の種類が違うからです。実のところ、**渋皮がくっついてしまってむきにくいのは、日本の栗だけ**なんだそうです。ヨーロッパ栗もアメリカ栗もパチンとむけます。その代わり、日本の栗は粒が大きいのですが。

それでは、日本の栗はなぜ、渋皮が実にくっついてしまうんでしょう。

日本の栗も、実がまだ育っていない頃には渋皮がはがれやすいのですが、育っていくにつれて、フェノールという、のりのような働きをするものが渋皮と実の間につくり出されます。そのため、よく育った栗はしっかり渋皮にくっついてしまうのです。

中国の栗のほうは、フェノールを全然出しません。だから、パカッと割っただけで渋皮が取れるのです。

タマネギを切ると、どうして涙が出る？

タマネギは料理の必須素材の一つ。1週間の間に調理で何度も涙を流している人も多いかと思います。

涙を出させるのはタマネギの細胞に含まれているアリルプロピオンという物質。もともと非常に蒸発しやすいので、細胞が壊されると空中にパッと飛び散ります。だから、涙が少しでも出ないようにするには、この物質が蒸発しないようにしてやればいいのです。

そのための方法はいくつかありますが、いちばんいいのはタマネギをあらかじめ冷蔵庫で冷やしておくこと。アリルプロピオンは温度が低いと蒸発しにくくなります。さらに、切れ味鋭い包丁で手早くスパスパ切り、あらかじめボールに用意しておいた水の中にさっと放ちます。この物質は水によく溶けるので、これで涙対策は完璧です。

逆に、**ベランダに出しっ放しにしておいたようなタマネギを切れない包丁でザクザクやると、涙の大洪水となる**わけです。

ところでこのアリルプロピオン、生だと刺激の強いピリピリした味ですが、熱を加えてやると、とたんに甘味に変わってしまいます。サラダのオニオン・スライスがピリ辛なのに、煮込んだシチューのタマネギが甘くなるのはそのせいです。

金平糖《こんぺいとう》の〝つの〟は、どうやってつくる？

金平糖はスペインが発祥の地。多くの南蛮《なんばん》渡来のものと同様、江戸時代に長崎から日本に入り、京都、大坂を経て江戸へと広まりました。

糖類が貴重だった時代、このお菓子はとても高価で、一部の限られた人しか口にすることのできない贅沢《ぜいたく》品だったようです。

材料はケシの実と糖蜜だけ。製法も難しくはないけれど、手間は少々かかります。まずケシの実を芯にし、そのまわりに糖蜜をかけては乾かし、かけては乾かし。これを何度も繰り返して大きくしていきます。

そして、ある程度の大きさの球になったところで**熱を加えると、乾いて閉じ込められていた糖分が吹き出します**。これが、つのになるわけです。

これはおそらく偶然の産物でしょう。何かのはずみで〝つの〟が吹き出すのを発見した菓子職人は、さぞ驚いたことでしょう。

もりそばと、ざるそばの違い、説明できる？

ざるそばは、もりそばにノリがかかっただけのものなのに、何でこんなに値段が違うのか……まあ、あまり区別していない店も多いようですが、ノリのあるなしのほかに**つゆも違う**のだそうです。本来もりそばは、しょうゆをきかせた関東風の辛いつゆで、ざるのほうは、だしのうま味をきかせた関西風の甘いつゆなのです。

パンを冷蔵庫に入れてはいけない理由

焼きたてのパンは、ふっくらやわらかくてとてもおいしいのですが、時間がたつにつれてだんだんかたくなり、パサパサとして口当たりが悪くなってきます。これは、パンが乾燥してかたくなるだけではないのです。ふっくら焼き上げて構造が緩んでいたでん粉が、規則正しく結晶のように並び始めるからです。

このでん粉の変化は、水分含有量30～60パーセント、温度0～3度のときにいちばん進むのですが、これはまさに、パンを冷蔵庫に入れた状態なのです。そのうえ、冷蔵庫の中は温度が低く乾燥していて、パンがすぐパサパサになってしまいます。

食べきれないパンは、冷凍庫で保存するのがいい。急速に凍らせると、でん粉の変化は進まず、焼きたての状態で保存できます。食べる前に常温の場所にしばらく置いておけば、パンはすぐ解凍できます。

ロールパンやフランスパンなど、焼きたくはないけれど温めて食べたい、というときの方法を一つお教えしましょう。オーブントースターのタイマーを5分くらいにセットして、何も入れずに中を温めます。チンとスイッチが切れてからパンを入れて2分くらいおくと、余熱だけでふっくら焼きたてのパンになります。

吟醸酒はなぜ香りがよいか、なぜ冷やがいいか？

冷やして飲むなら、なんといっても吟醸酒がいちばん。よく「フルーティー」と表現される独特の味と香りは、冷やで飲んでこそ生きてきます。

吟醸酒は、手間ひまのかかるお酒です。厳選した米を精米機で最低40パーセントは削り、米の中心部だけを原料にします。

これを酵母で発酵させるのですが、吟醸酒にとっては発酵温度も大切な要素。蔵元《くらもと》によって多少の違いはあるものの、普通、10度前後に保ちます。

温度が低いから、発酵時間はかなりかかります。たいてい10月頃からつくり始めて3月か4月頃にでき上がり、それを夏の間貯蔵するのが本来の製造法ですから、**出荷するまでに1年近くかかる**のです。現在、季節を問わずに飲めるようになったのは、保冷流通システムが発達したからにすぎず、製造に時間がかかることに変わりはありません。

しかし、香りがよいのは低温でじっくりと時間をかけて発酵したおかげ。温度が高いと、香りが育つ間もなく飛ばされてしまいます。

吟醸酒は必ず冷やで、というのも同じ理由から。ただし、冷たすぎては味が落ちます。いったん4度まで下げて味を引き締めたのち、10度に上げて飲むのがベストです。

ワインのビンの形には「こんな知恵」がある

「アレッ、フランスで買ったこのワイン、上げ底じゃない？」

ヨーロッパからの帰りの飛行機でのこと、免税店で買ってきたらしいお土産の袋をガサゴソいわせていた前の席の2人が、なにやら不満気な声を上げています。なるほど、ワインのビンは確かに上げ底になっていますが、これは中身をケチってそうしているわけではないのです。

お酒は外部からの刺激で微妙に風味が変化するので、容器にさまざまの工夫がこらしてあるのです。たとえば、ビールは直接太陽光線に当たると風味が壊れてしまうので、あのような暗褐色のビンに入れてあります。

ワインのビンが上げ底になっているのは、長時間貯蔵すると沈殿するタンニンや酒《しゅ》石《せき》で、ワインが濁《にご》るのを防ぐためのものなのです。ビンの底が平らだとグラスに注ぐとき、濁りが全体に混ざってしまいますが、上げ底にしておくと周囲の窪《くぼ》みに濁りが沈殿して全体が濁らないのです。

日本で買う安物のワインの中にはフタもコルクではなく金属製、ビンの底も平らというものがありますが、あれはワインというのもおこがましい混ぜもののお酒と思ったほうがいいかもしれません。

ビンで熟成するのはワインだけ!?

海外のものが手に入りやすくなり、一般の家庭に外国の高級酒がころがっているのも不思議ではなくなりました……が、ちょっと勘違いされているのは、「お酒は置いておけば置いておくほどおいしくなる」という話。

ラベルに12年とか8年とかと寝かせた期間が表示してあるので、そんな誤解が生まれるのでしょうが、**ウイスキーやブランデーが熟成するのはホワイト・オーク（なら）の樽に詰めてある間だけ。**木肌の細かい穴が外界と通じて微妙な変化が進むわけですが、ビンに密封してしまうとその瞬間、熟成は止まってしまいます。ラベルに表示してあるのはこの熟成期間のことで、つくってから何年たった酒かという意味ではありません。

同じ酒でもワインはちょっと違って、ビンの中でも熟成しますが、これもただごろがしておいたのではダメ。外国の家庭では地下室などにつくった酒蔵に寝かせてありますが、このように摂氏10度から15度くらい、湿度約75パーセントという条件が満たされていなくてはなりません。冷暖房の完備した日本の家庭でこんな条件を維持することはできないので、おみやげの高級ワインは半年以内に飲んでしまうのが賢明というものです。

飲んだアルコールは、何時間で処理される？

ビールの大ビンを半分、つまり320ミリリットルぐらい飲んだとしましょう。胃に入ったアルコールの一部は、粘膜の細胞を通って血管に入り込みます。ここでの吸収スピードははじめは速く、30分以内に25パーセントのアルコールが吸収されます。が、しだいにスピードが落ちて、1時間ぐらいで30パーセントの吸収が終了。残りは小腸へと向かうのですが、このとき胃の中に食べものがあればゆっくりと、胃が空っぽなら早く小腸に送り込まれます。

食べものと混じりながら行く場合は、すべてが小腸に送られるまでに3～6時間。また、食べものがないときは数分とかかりません。小腸に入ったのちは、素早く残らず吸収されます。

また、吸収後、分解などの処理にかかる時間は、アルコール10ミリリットルにつき1時間。320ミリリットルのビールが5度だとしたら、アルコールは16ミリリットルですから、1時間36分かかる計算になります。

で、**アルコールの処理完了までの所要時間は、何も食べなかった場合が3時間36分、食べながら飲んだ場合が6時間以上。**けっこう時間がかかるものです。

みかんは逆立ちさせると長持ちする！

コタツに入ってテレビを見ながら、みかんを一つむき……。〝正しい日本の冬の過ごし方〟ですが、ところでこのみかん、お盆にたくさん積んでおいて上から食べていくと、最後のほうが傷んでいたり味が悪くなっていたりしませんか。

みかんは収穫後も呼吸し、生きている果物です。室温が高いと酸味が飛んで、ぼけた味になってしまうのはよく知られています。しかし、この場合の味の低下は、何も温度だけの問題ではありません。置き方に問題があるのです。

まず、収穫後も続くという呼吸を考えます。箱で買ってきたときなど、**窮屈な箱入りのままでは呼吸困難になってしまいます。**一度、箱から出して、伸び伸びさせてから並べ替えると傷みにくいといわれます。

それを数個ずつ出してお盆などに載せるわけですが、このときの置き方が大事。たいてい、へたを上にして積んでいませんか。

実はそんな置き方が、みかんにとっては大変なストレスになるのです。へた側よりも反対側のほうが、果皮が柔らかいためです。柔らかいところに重さがかかって、下のほうからギブアップというわけです。

これを解決するのは簡単です。硬い果皮のほうで、ストレスを受け止めてやるようにすればいいのです。みかんはへたを下にして、逆立ちさせておきましょう。

砂糖漬け、塩漬けにすると、腐りにくくなるのはなぜ？

ジャムや砂糖漬け、はたまた小豆あんなど、砂糖を大量に使って煮ると、ものは腐りにくくなります。なぜ、砂糖を大量に加えると腐りにくくなるのでしょうか。

食べものが腐るのは、腐敗菌が大量に繁殖するためです。腐敗菌が生きていくためには水が必要ですが、腐敗菌が利用できるのは、食品の中を自由に動き回っている水だけです。

砂糖の主成分であるしょ糖は、水と容易に結びつく性質があります。しょ糖と結びついてしまった水は食品中を自由に動き回れないので、腐敗菌はもう増えません。だから、**食品中の水分量が一定ならば、砂糖を加えれば加えるほど砂糖に結合する水が増えて腐りにくくなる**、というわけです。

野菜や肉を生のまま塩漬けにしても腐敗が防げます。これは、食品中の塩分濃度が高くなると、「青菜に塩」と同じように、腐敗菌からも水が絞り出されてしまって繁殖ができなくなるからです。

日本のカレーライスとインドのカレー、どこが違う？

カレーといえば、インドの代表的な料理です。10～20種とたくさんの香辛料や香味料をミックスした独特の味わいは、料理の傑作と言っても言いすぎではないでしょう。最近はインド・レストランも増え、本場のカレーを味わう機会が多くなりましたが、実際に食べてみて首をかしげた覚えはありませんか。ふだん、私たちがレストランで食べているカレーや家庭でつくるカレーと、あまりにも違っています。

これは、どうしたことでしょう？　実は、**私たちが使っているカレー粉は、インドではなくイギリスで考案されたもの**で、それが違いの原因なのです。

インドは、17世紀の東インド会社の設立から20世紀に独立するまでの300年間にわたって、イギリスの統治下に置かれました。イギリス人は、植民地に入植しても現地の生活に溶け込まないことで有名ですが、なぜか、すっかりカレー料理のとりこになってしまったのです。

そこで、何とか材料を腐らせず、コンパクトにしてイギリス本国へ持ち帰りたいものだと考え、研究した結果生まれたのが、カレー粉だったのです。カレー粉をはじめて売り出したのはロンドンのC&B社で、以来、世界中に輸出され広まりました。

日本にカレーライスが伝わったのは明治になってからで、インド料理としてではなく、西洋料理として伝えられました。それが日本のカレーのルーツだったのです。

サツマイモはインカ帝国出身だった!?

石焼き芋といえば、秋から冬にかけての風物詩。冷たい木枯《こが》らしが吹く寒い日に食べるホクホクした甘ーいお芋は、何とも言えずおいしいものです。

この石焼き芋、つまりサツマイモは、コロンブスが新大陸を発見した後、インカ帝国を征服し、インカ人を大虐殺したピサロが、その地から持ち帰ったもの。サツマイモのほか、タバコ、トウモロコシ、ジャガイモ、バナナなどもこのとき一緒に持ち帰ったといいます。

その後、中国、琉球を経て17世紀初期に日本に入ってきました。江戸時代から第2次世界大戦直後まで、数多くの飢饉《ききん》を救った食料が、このサツマイモだったのです。

甘いカキと渋いカキの確実な見分け方

秋になると登場する黄赤色の果物カキ。俗に柿色とも言うこの色の正体は、ニンジンやミカンなどにも含まれているカロチンという色素です。濃く色づいたカキは、甘くて本当においしいものです。

ところが、カキに限って言えば、色が濃いから甘いとは一概には言えないのが残念なところ。そう、ご存じのように渋ーい渋ガキの場合だってあるのです。これを見分ける方法はないものでしょうか。

実は、渋ガキにも糖分は含まれているのです。それなのに甘味を感じないのは、シブオールというタンニンのせい。このタンニンが、水に溶けてカキの中にまんべんなく混じっているため渋いのです。

甘ガキの中にもタンニンは含まれています。けれどもこちらのタンニンは、水に溶けにくい性質のため渋味は感じられません。切ったカキを見ると、たいていの甘ガキには黒い斑点がありますが、この斑点が水に溶けにくいタンニンなのです。

つまり、**甘いカキか渋いカキかは、この黒い斑点のあるなしでわかる**というわけ。ただし、これは切ってみなければわかりませんので、念のため。

魚の「洗い」は死後硬直しているからうまい！

コイやタイ、スズキなどの白身魚を活けしめにし、手早くそぎ切りにして氷水に。

歯ごたえよく、うまみのある「洗い」のでき上がりです。

この料理、単に刺身を冷やして食べる、というものではありません。「洗い」の裏には、「化学的な変化」があるのです。

魚は死んだ後、糖の分解や乳酸の生成などによって、アルカリ性から酸性へと変わります。このとき、筋肉のタンパク質同士がしっかりと堅く結合します。これが死後硬直です。

死後硬直に入った魚は歯ぎれがよく、うまみ成分となるイノシン酸も増えて、おいしさがピークになります。ところが、しばらくして硬直が解除されるにつれ、タンパク質が分解されていきます。こうなると、味も低下する一方です。

そこで、人為的に硬直させ、その状態を何とか保とうというのが「洗い」です。氷水につければ急激に身が締まり、この低温を安定させておけば、タンパク質も分解されません。

死後硬直と聞くと、ちょっとひるんだりもしますが、おいしくなるのなら文句はありません。

「旬のもの」には薬効がある?

ホテルの立食パーティーで、夏だというのに蠣《かき》料理やイチゴが出されて驚いたことがありますが、今やそんなことは、ざらにあります。

昔から、旬より早く食べるのが本当の贅沢というもので、初がつおを江戸っ子が争って手に入れようとしたのもそのためだということです。

なるほどそうかもしれませんが、やはり、常識的に考えてこれは邪道。旬のものはその季節を代表する食べものですから、いちばん栄養豊富で新鮮、薬効も高く、しかも豊富に出回るので値段も安い。**最も「合理的な食べもの」**なのです。

日本のように四季折々にいろいろな食べもののあるところでは、旬のものを逃す手はありません。春の蕗《ふき》、サワラ、冬の大根、蠣のおいしいこと。もちろん、サンマは秋、キュウリ、スイカは夏です。

お父さんたちは高級料亭で季節外れのものを出されると喜びますが、それは季節はずれの「高いもの」を食べさせられただけ。本当は、悲しむべきことなのです。

6章

薬を飲む「食後」って、食後何分のこと？

身近で意外な「話材」雑学

「とけにくい氷」を冷凍庫でつくる方法は？

暑い季節には氷の出番もぐんと増えます。お酒にはもちろん、アイスコーヒーをつくったり、そうめんを冷やしたり。ところが、暑いからこそ氷が必要なのに、暑さのせいですぐとける。何かいい手はないのでしょうか。

煮沸した水を凍らせる、という方法がおすすめです。

一度沸騰させた水を30度ぐらいまで冷ました後、製氷皿に入れて冷凍庫へ。こうすると、とけにくい氷ができるのです。

こうしてつくった氷は、水道水を直接凍らせたものより20分は長くもちます。その理由は、**煮沸によって水分中の空気が抜けたため。水の密度が濃くなって、溶けにくい氷になった**わけです。

塩を使っても氷はとけにくくなりますが、飲みものや食べものに塩分が移ってはまずいでしょう。その点、煮沸した後の氷なら味もいいし透明度も高い。おまけにとけにくいとあっては、一石三鳥の氷なのです。

薬の飲み方――「食後」って、食後何分のこと？

知っているつもりだけれど勘違いしていることもあるのが、薬の飲み方です。

まず、飲む「時間」。

「食後」というのは、食後30分のこと。「食前」は30分前。食べてすぐ、あるいは食べる直前に飲んでいませんでしたか？

また、**「食間」は食事と食事の間の意味で、薬の服用の場合は正確には食後2時間を指します。**胃の中に食べものが詰まっていない状態でなければいけません。勘違いして食事の最中なんぞに飲んだら、薬の効き目はなくなってしまいます。

次に、飲むときの「水分」。お茶やジュースでは、カフェインや糖分などの成分に、薬の効き目が妨げられてしまいます。

水なしで飲むのも問題あり。薬が溶けにくくなるばかりか、カプセルの場合は胃に到達する前に食道の粘膜に張りついてしまうことも。冷たい水では薬はうまく溶けませんから、**ぬるま湯で飲むのがいちばんいい**ようです。

飲む「回数」に関しては、1日3回と決められていたら、食事が2回しかなくても、きちんと3回飲むこと。

もっとも、病気によって例外がありますから、必ず医師に確認を。飲み方しだいでは、薬が毒になることだってあるのです。

競馬にはなぜ左まわりのレースと、右まわりのレースがある？

競馬人気が高まって、競馬場にはカップルや女性の「おっかけ」も来て、少し華やかな雰囲気になりました。

そんな競馬場で聞かれるふとした疑問の一つ。

どうして競馬には、左まわりのレースと右まわりのレースがあるのでしょうか。

「競走馬のため」というのがその答えですが、その理由は、あなたがトラックを走ってみればすぐわかります。

右利きの人は普通左まわりを好むものですが、そのときは必ず左足から踏み出します。どちらかというと左足に比重をかけて走るのです。試しに右まわりに走ると、今度は右足に負担がかかっているのがよくわかります。

同じことは競走馬にも言えるわけで、いつも同じ方向まわりだと、骨と筋肉が一方にかたよってしまい、極端な場合は、バランスが崩れてしまいます。競馬の目的はレース結果だけではなく、美しいサラブレッドの姿形を見ることも楽しみの一つですから、競馬場としてもそのあたりに気を使っているわけです。

なぜ「桐のタンス」が最高級品なの？

最近は、「嫁入り道具」なんて考えは古くなってしまったかもしれませんが、それでも慣習として続けている人は多いようです。昔ながらの嫁入り道具の筆頭は、なんといっても桐のタンス。高級品とされるので、ネコも杓子《しゃくし》も判で押したように買い求めるわけですが、なぜ桐のタンスがそんなにいいのでしょうか。

それは**桐のタンスがほかの素材に比べて火事に強く、大切な着物を守ってくれるから**です。桐は火の海に巻き込まれると、表面は黒焦げになりますが、内部に細かい気泡状の空洞がたくさんあって熱伝導が非常に悪いので、中の着物は大丈夫なわけです。着物にとって、火事で怖いのは火と同時に水ですが、その点でも桐のタンスは安心。表面が水を吸って膨張し密閉してしまうのです。

以上の理由から、火事の多かった江戸時代には大流行したわけですが、火事の心配があまりなくなった現代に、桐のタンスが必需品かというと、ちょっと疑問。桐のタンスにしまっておかなくてはならないような、高価な着物を持っている人も少なくなりました。今は、そうした実用的な面よりも、ステイタス・シンボルとして桐の高級家具が嫁入り道具に加えられているのでしょう。

誰でも社長になると「社長らしくなる」科学的な理由

ビジネスの世界では、「地位が人をつくる」とよく言われます。どんな気の弱そうな人でも、課長になれば課長らしく、部長になれば部長らしく、社長になれば社長らしくなるということです。もっとも、中にはふんぞり返りすぎて、後ろに引っくり返ってしまう人もいるようですが。

なぜそうなるのか、アメリカの研究者がサルのボスを詳しく調べ、その研究結果をまとめました。それによると、ボスになった途端、ボスザルには神経伝達物質の一つであるセロトニンが2倍も増えることがわかったのです。そして、この物質は部下の信頼の厚いボスザルほど多く、部下にないがしろにされているボスザルには少ないということもわかってきました。

これはサルの実験からだけではなく、**大学のサークル活動で、リーダーとそうでない学生の血液中のセロトニンを調べた結果でも、歴然とした差が出ています。**

つまり、人間は想像している以上に環境に左右されやすい動物なのです。環境によって体の中の化学物質の量が変わり、その結果行動が変わり、性格も変わってしまうのでしょう。

山の「5合目」はこんなふうに決められている！

登山をすると、道筋に「5合目」とか「7合目」と書かれた標識が立てられているのを見かけます。

これは、麓《ふもと》から頂上までを10に分けて、下から順に1合目、2合目と割り振ったもので、現在地がどのあたりなのかを知る目安になり、とても便利です。

ところが、地図の上ではもう全行程の7割は歩いたはずなのに標識は5合目となっていたり、標高では8合目に当たる地点にいるはずなのに6合目と記されていたりして、「何だか変だなあ」と思ったことはありませんか。そう思うほうが当然で、実は、この**何合目というものは、標高や距離ではなく、登山の難易度で割り振ったもの**なのです。

したがって、傾斜が急になればそれだけ合目の間が狭まるわけで、頂上に近くなると間隔が短くなったように感じるのはそのためだったのです。

石器時代の日本人は人間を食べていた？

明治時代に、石器時代の遺跡として有名な大森貝塚を発見したのはアメリカ人のモースですが、**この貝塚から、よく切れる道具で切断された人骨が出てきて、物議をかもした**ことはあまり知られていません。ほかの貝塚でも同様の人骨が出てきているわけですが、発見者のモースはこれを、石器時代の日本人が人間を食べていた証拠と考えたようです。

外国人の目で見れば、切腹したり、わけもなく人に斬りつけたり（明治時代のはじめは物騒だった）する日本人は、よほど野蛮な人種に思えたのかもしれません。

しかし、モースのこの説に対して、考古学者たちは、石器時代の日本は食糧事情がよく、人間を食べる必然性がなかったと猛反論。また、人肉食を証明するほかの証拠も出てこなかったことから、結局この説は葬り去られてしまいます。

現在では、死者を葬る習慣がいまだ確立されていなかった石器時代には、死んだ人をゴミ捨て場だった貝塚に切り刻んで捨てたのではないかと考えられています。

トイレのにおいを一瞬で消し去る方法は？

トイレのにおい消しの方法で思いつくものをあげてみれば、窓を開ける、換気扇をまわす、芳香剤《ほうこう》を使う、といったところ。なかには、不要になった香水を振りまくという人もいますが、これはかえって気持ちの悪いにおいになってしまう恐れあり。とりあえず、薬品自体のにおいも残らない無香性消臭剤を使う、といったあたりがいちばん手っ取り早いように思えますが……。

しかし、もっと簡単で効果的なのに、意外と知られていない方法が実はあるのです。

マッチをする、がそれ。マッチに含まれるリンが燃えるときには独特のにおいを発しますが、このにおいがトイレの臭さをしのぎ、きれいに消臭してしまうのです。

リンを使っているものといえば、ほかには殺鼠剤《さっそ》、いわゆる〝猫いらず〟がありますが、こちらは置いておくだけでは消臭効果は期待できません。やはり、マッチのリンを燃やした瞬間のにおいがいちばんいいようです。

漢方薬にも副作用はある!?

西洋医学の薬品と違って漢方薬には副作用がない、とされてきました。ところがこれは大きな誤解。

比較すれば少ないというだけで、漢方薬にも副作用がないわけではないのです。たとえば、風邪薬の葛根湯《かっこんとう》。胃腸障害や動悸《どうき》を起こしたり、多く飲むと脱水症状になることもあります。

薬そのものの副作用ではなく、選び方を間違えてトラブルを起こすことも。たとえば冷え症を解消するつもりで血液の循環をよくする薬を飲んだところ、むくみが出てしまったというケース。**漢方では症状に応じて薬を決めるのではなく、原因となる体質に応じて決める**ため、ひと口に冷え症といっても、誰にでも同じ薬が効くわけではありません。血行をよくすればいいか、体の中の水分を出せばいいかを判断しないと、薬が悪影響を及ぼしてしまいます。

そのほか、複数の漢方薬を同時期に服用した結果、甘草《かんぞう》という生薬《しょうやく》成分が重複して体調をくずすこともあります。

明治天皇と徳川慶喜のどちらが長生きしたか？

司馬遼太郎さんによると、徳川慶喜は大変に器用な人で、簡単な大工仕事などは全部こなしたそうです。**徳川幕府最後とはいえ天下の将軍、そんな人が大工仕事が得意だった**とはちょっと意外。

ところがこの将軍（といっても在位はたったの1年）、実は大変な趣味人だったそうで、退位したのち静岡に移り住んでからは、謡曲《ようきょく》、油絵、狩猟、写真と次々に趣味の幅を広げ、食べることには不自由しなかったので、それこそ悠々自適の後半生を送ったそうです。将軍といえば、殿様中の殿様、自分では何もできないように思えますが、この人に関しては大違いだったようです。

もちろん夜の生活も盛んで、静岡時代に2人いた側室に11人の子どもを産ませています。つまり、昼は趣味の生活、夜はお楽しみと、実にストレスのない理想的な生活を続けていたのです。

そんな生活ならさぞかし長生きしたと思われますが、案の定、満59歳で亡くなった明治天皇をもしのぐ満76歳まで生き、明治天皇崩御《ほうぎょ》の翌年大正２（１９１３）年にその波乱に富んだ楽しい人生に幕をおろしました。明治維新に名を残した誰よりも長く生きたのです。

安全ピンが発明された、意外な理由

金属を２つ折りにして金具で止めるピンは、紀元前２０００年頃からヨーロッパ各地で使われていました。

しかし、針金をループ状に巻き、スプリングにしてしっかり固定するようにした安全ピンは、19世紀の発明です。

1849年のある日のこと、アメリカ人の発明家ウォルター・ハントは、**3時間で安全ピンを考案し、400ドルの借金をしていた製図工に、安全ピンに関する権利をすべて譲りました。**

ハントに借金がなければ、安全ピンがこの世に登場することはなかったかもしれません。

なぜ人は「ヒステリー」になるの？

精神的に大きなショックを受けたり、激しい恐怖や悲しみ、あるいは深い絶望を感じたとき、人はヒステリーに陥ることがあります。

ヒステリーというと、大声で手足をバタバタさせて泣き叫ぶ図を想像しますが、それだけではありません。どこも悪くないのにいたずらに痛みを訴えたり、重病といったり、わざとすっとんきょうな振る舞いをしたり、症状はさまざまです。仲間外れにされた孤立感からヒステリーになり、友人たちのものを盗み回った例もあります。

他人から見ると不愉快な言動をとる場合が多いようですが、それも自分に注目してほしいという気持ちがなせるもの、と考えられています。心の不安、抑圧に対する反応が、制御されずにそのまま行動させてしまうのです。

ミステリーの女王、アガサ・クリスティは、1926年に車に荷物を置いたまま消えてしまうという失踪事件を起こしているのですが、あれも夫から別れ話をもち出され、ヒステリーを起こしての行為と伝えられています。

結局、あるホテルにいるのを発見されたのですが、そのとき彼女が宿帳に記していたのは、夫がつき合っていた女性の名前だったのです。これなど、典型的なヒステリー性遁走《とんそう》症といえます。

ヒステリーは、ギリシャ語で子宮を意味する「ヒステラ」を語源としていることでわかるように、昔は、女性特有のものと思われていました。心の病気ではなく、子宮が体を上がってきて心を狂わせるために起こる、子宮が起こす肉体の病気だと考えられていたのです。

あの冷静なクリスティでさえ陥り、まるで人が変わってしまったような行動をとったのですから、確かにそう考えられたのは無理もありません。

一筆書き、できるかできないかを一目で見破る法！

「一筆書き」は誰でも知っていますね。鉛筆を紙から離さず、また線を2度なぞったりしないで描ける図形のことです。

実際に図の上からなぞってみても、どういう順序で線をつなげていくかによって、描けたり描けなかったりするのでなかなか大変です。何度も描いてみなければなりません。

でも、描けるか否かを一目で見破る方法があります。

それには、「線が集まっている点」に着目します。図1は、**すべての点に、偶数本の線が集まっています。**どの点も出ていく線と入る線があります。ということは、どの点も「線の通過点」であって、点がないのと変わらないので、こういう図形は一筆で描けます。

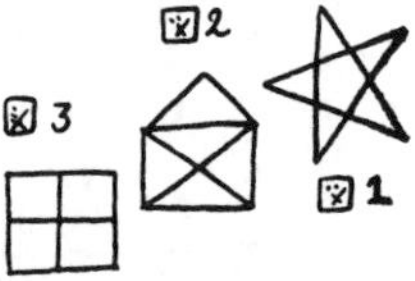

図2は、**2つの点に奇数本の線が集まり、ほかの点には偶数**

本の線が集まっています。奇数本の線が集まるどちらかの点を出発点にし、もう一つの点を終点にすれば、この図も一筆で描けることになります。

図3は、**奇数本の線が集まっている点が4つあります。**どこか2つを、出発点と終点にしても、あと2つの点は通れずに残ってしまいます。こういう図形は、一筆では描けません。

つまり、「どの点にも偶数本の線が集まっている図形」か、「奇数本の線が集まっている点が2つある図形」ならば、一筆で描くことができるのです。

力士のまわしは、なぜ「洗濯しない」の？

昨今は力士のまわしの色も派手になりましたが、稽古《けいこ》用のまわしには規則があって、**十両以上は白の木綿《もめん》製のものを、幕下は黒のまわしを使うように決められています。**

ところで気になるのは、本場所用の繻子《しゅす》のまわしの汚れをどうやって落としているかということ。取組の時間は短いとはいえ、あれだけ激しく戦えば、汗や脂、時には血がしみ込んだり、土俵の砂や塩がついたりして、かなり汚れはひどいはずです。

しかし、繻子は博多織や西陣織の高級織物で、洗濯すると繊維質が崩れて持ち味を失ってしまいます。それでは、いったいどうしているのでしょうか。

実際には、**使用後に陰干しするだけで、汚れは落とさない**のだそうです。といっても、洗えないからではなく、汚れたままにするならわしなのです。**まわしの汚れは、そのまま自分の戦いの歴史、勲章**なのです。

喫茶店で「隅の席」から埋まっていくのはなぜ?

『イブニングオブザーバー』紙の女性記者ポリー・バートンが、いつものようにABCショップの隅の席で昼食をとっていると、向かいの席に座る老人が話しかけてきて、世間で話題になっている事件の謎を見事に解明する――イギリスの女流作家、バロネス・オルツィの推理小説『隅の老人』の冒頭のシーンです。

それがきっかけで、老人の隅の席でひもの切れはしをもてあそびながら、次々に話された条件だけで事件の謎を解き明かしていくという内容。

ここで興味を引くのは、2人がいつも隅の席にいることです。この〝隅の老人〟といえば「安楽イス探偵」（部屋から出たり、現場に足を運ぶことなく事件を解決する探偵）の代表格ですが、彼がもし真ん中の席にいたら、おそらく、いくら見事に謎を解いたとしても、そういう栄誉は与えられなかったのではないでしょうか。

人間がものを考えたり大切なことを話したりする場として、レストランのような他人がいる部屋の真ん中というのは、不自然この上ないからです。真ん中にいると、何となく落ち着かず、注意力が集中しません。ボンヤリととりとめのないことを考えるしかないのは、どなたも経験されているはずです。

これは、野生時代の防衛本能の名残といわれています。

物事に集中すると周囲に対する注意力が落ち、そんなとき敵に襲われればひとたまりもありません。その危険に囲まれて防御していた習性が、今も残っているのです。

食事をするときやくつろぐときも、同じようにこの本能が働きます。レストランや喫茶店の席は、だいたい隅の席から埋まっていきますが、これも、苦労して手に入れた食べものを奪われたくないという本能が働いてのこと、と説明されます。

夫婦《めおと》茶碗の大きさが男女で違う「ちゃんとした理由」

「好いて好かれたお前とおれだ、五つや六つ、棒でぶんなぐったところで、情は深まるばかりじゃないか」（モリエール『いやいやながら医者にされ』）

これは極端な場合ですが、深く信頼し合っている夫婦の姿には、はたから見ていても心和《なご》むものがあります。

それを、そのまま日常生活の道具にしたのが夫婦茶碗。中には「大きいほうが女房のだ」なんていう夫婦もいるようですが、普通は大きいほうが夫用、小さいほうが妻用で、まったく同じ柄をして並ぶそのさまは、まさにおしどり夫婦を絵に描いたよう。

ところで、この夫用と妻用の茶碗の大きさ、男尊女卑の思想があういう違いをつくらせたのだと思われているようですが、そうではありません。

江戸時代に急速に発達した職人文化は、「決まり寸法」という、人体の寸法から道具類の適切な大きさを算出する方法を考え出しました。

夫婦茶碗は、その産物なのです。

決まり寸法では、茶碗は口径を身長の8パーセントにするとされていて、そこから男用は12センチ、女用は11・4センチと割り出されたわけです。

「夫婦というものは、おたがいの悪行を果しなく吸いこんでしまう、不気味な沼のようでもある」（川端康成『山の音』）

とすれば、夫婦茶碗は、互いの悪行を茶にして飲み、夫婦相和すためには欠かせない道具なのかもしれません。

コーヒーを飲んでも疲労は回復しない!?

疲れたり、眠くて仕方なかったりしたときにコーヒーを飲むと気分がシャキッとし、血がよみがえったような気がします。

これが、コーヒーの主成分カフェインのおかげなのはご存じの通り。しかし誤解してはいけないのは、これで本当に疲れが取れたわけではないということです。

カフェインは一時的に脳細胞を興奮させ、心臓を刺激して血液の流れをよくしただけで、**疲労そのものではなく、疲労感を軽減したにすぎません。**

ところで、「カフェインには、皮下脂肪のような蓄積された脂肪を分解してくれる働きがある」という人がいます。

スイスのアチソン博士の実験によると、6人の人に、コーヒー5～6杯分に相当するカフェインを空腹時に与え、3時間後に血液中の脂肪酸の量を測ったところ、全員が飲む前の2倍になっていたといいます。そして、これは、その分だけ蓄えられていた脂肪が脂肪酸に分解されて血液内に溶け込んだ証拠だというのです。

とすれば、**コーヒーを飲むことは肥満対策にもなる**わけです。

確かにうれしい話ではありますが、かといって、やはり飲みすぎは禁物。一方で、カフェインは交感神経を興奮させるカテコールアミンというホルモンの分泌を促し、その作用で血液中の中性脂肪が増え、長い間には動脈硬化を引き起こす危険性があるともいわれているのです。せいぜい1日に3～4杯。それ以上飲む人は、ミルクを入れたほうが無難です。

江戸の町では生活排水をどこへ流していた？

江戸時代、農村ではそれほど人口が多くなかったので、生活排水は井戸端から溝へ、溝から小川や田畑を通って大きな川へと流れ、その間に自然が浄化してくれたため、下水道は必要ありませんでした。

中には、土に埋めた大きなカメに風呂の水などを落として、完熟させて畑にまいたりもしていたようです。日本の山は急で、水はすぐ海へ流れてしまうため、田の水を確保するのに先祖代々どんな苦労をしてきたことか。そんな**貴重な水を、一度きりで捨てるなんてもったいなくてできなかった**のでしょう。

では、江戸の町ではどうしていたのでしょう。

関東平野は起伏が緩い低湿地帯で、16世紀の海岸線は霞が関まで入り込んでいました。それを家康が、大干拓事業によって世界でも屈指の大都市につくり上げ、上水道も整備したのです。

その方法ですが、まず土地の起伏を上手に利用しながら低地で

は大小の堀割を格子状に通し、堀に囲まれたブロックに土を積んでかさ上げします。堀の岸沿いに家を建て、ブロックの真ん中の空き地にゴミ捨て場をつくりました。

やがて下水が整備され、長屋にはドブがつくられ、表通りには、網の目のように排水路が行き渡っていきました。そして幕府は、ドブや下水にはフタをすること、下水へのゴミ捨て禁止、ドブ掃除を励行。低地の多い江戸の町では、雨水がたまらないように工夫することが必要だったのでしょう。

日本ではじめて地下にヨーロッパ式の下水道が設けられたのは、横浜の外国人居留地。東京では、明治17（1884）年の神田が最初。ドブから下水道への第1歩です。もちろん、まだ下水管から直接川へ放流しただけのものですが。

鍵穴の滑りが悪くなったら、こうすればいい！

玄関の鍵はなくしやすいものですが、合い鍵をつくったとき、最初のうちはどうしてもスムーズに開かないときがあります。新しい鍵には、「バリ」と呼ばれるささくれがあることが多いために、引っ掛かっているのです。こういうときは、目の細かい紙やすりなどで、バリを取ってやればいいのです。

また、長年使っていると、鍵の滑りが悪くなってしまうことがあります。こんなときには、決して機械油などを差してはいけません。確かに滑りはよくなりますが、ゴミや汚れがつきやすくなるために、しばらくするとまた閉まらなくなってしまいます。

それよりも、もっといい手があります。それは突っ拍子もない方法ですが、**鉛筆の芯を削って粉にしたものを鍵にまぶして鍵穴に差し込んでみる**ことです。これを何回か繰り返すと鍵穴の滑りがとてもよくなりますし、鍵穴が汚れることもありません。鉛筆の芯に含まれている亜鉛は、摩擦を少なくする働きがあるのです。

もちろん2B以上の柔らかい芯なら、鍵に直接塗りつけてもいいでしょう。

古代エジプトでは死臭を消すためにセロリを使った!?

セロリのくせのある香気は、好きな人、嫌いな人をはっきり分けてしまうようです。

さわやかなような、苦みばしったような……香りだけでセロリとわかる、独特のものです。あの香りを発する成分は、アピインという物質。揮発性なので、鼻を刺激しやすいわけです。

アピインの香りには、昔の人たちも強烈な刺激を感じていたようです。**古代エジプトでは、葬礼のとき、死体の悪臭を消すためにセロリを用いていた**とか。また古代ギリシャでは、祭りの日には部屋中にセロリを飾ったり、競技で優勝した者にセロリで編んだ輪を冠したともいわれます。

嫌いな人には耐えがたいにおいかもしれませんが、セロリは、整腸、利尿、強壮などの作用がある野菜。茎2本で、1日に必要なビタミンA、Cが摂れますし、繊維もたっぷりですから、鼻をつまんで生でバリバリどうぞ。

油汚れ落としには「使い古しの油」が効く!?

油汚れは住居用の洗剤を使って拭き取るのが一般的ですが、実は意外なものを使って、きれいに取ることができます。

それは使い古しの油です。油で油を取るなんておかしなことだと思われるでしょうが、意外にもよく落ちるものです。

天ぷらなどに使った古い油をボロ布にたっぷり染み込ませて、油汚れのひどい場所、たとえば換気扇などに塗ってみましょう。**そのまま10分ほど置いておくと、換気扇についた油汚れがだんだん溶け出してくる**はずです。この後、油を染み込ませた別の布で拭き取ればいいわけです。

もし布がないなら、新聞紙や週刊誌のザラ紙を使ってもいいでしょう。廃品で掃除ができるのですから、これほど便利なことはないわけです。

「ゴキブリを一発で殺せる」素晴らしい方法

ゴキブリを一発で殺せる、素晴らしい方法を知っていますか。

逃げていくところをめがけて、台所用洗剤をピュッとかけます。そうすると、2、3回ピクついてすぐ死にます。

というと、「台所用洗剤って、なんて恐ろしいものなんだ」と思うでしょう。でも、**台所用洗剤が毒だからゴキブリが死ぬわけではない**のです。

ゴキブリの体の表面は水をはじく物質で覆われていますが、台所用洗剤をかけると、表面の物質と洗剤がなじんで水をはじかなくなってしまいます。

そうすると呼吸をする穴もふさがれてしまうので、窒息して死んでしまうというわけです。

台所用洗剤だけでなく、天ぷら油やサラダ油をかけてもゴキブリは死にます。

河童《かっぱ》の正体は、いったい何だ？

河童は「川」に棲む「わっぱ」、つまりいたずらっ子。

身長が人間の4～5歳の子どもぐらいで、口をとがらせ、目がキョロキョロして、背には甲羅《こうら》、手には水かき。頭のてっぺんの皿には水を入れ、この水がある間だけ陸に上がっていられるという伝説上の生き物です。

人間の子どもが泳いでいると足を引っ張って溺れさせるとか、人や動物を水中に引きずり込んで血を吸うとか、人の言葉を真似するとか、いろいろな伝説が日本の各地に伝えられています。

見たことがある、と言い張る人も多いのですが、**専門家の研究によれば、河童の正体はどうやらカワウソらしい**のです。

カワウソは水かきのついた短い4本の足と、扁平で幅の広い尾を持ち、頭頂部は平たくなっています。カエルや魚を食べて水辺に暮らしていますが、ときどき尾で体を支えながら立ち上がることがあります。その姿が河童に見えるというわけでしょう。

背の甲はおそらくスッポンか何か、大きな亀と混合したもので、暗褐色の体が緑に見えたのは草陰にいたからと考えられます。

——正体は明かさないほうがよかったでしょうか。

本書は、小社より刊行した『頭にやさしい雑学読本』２～５を再編集のうえ、改題したものです。

竹内　均（たけうち・ひとし）
一九二〇年、福井県に生まれる。東京大学名誉教授。理学博士。地球物理学の世界的権威。科学雑誌『Newton』の編集長として青少年の科学啓蒙に情熱を傾けるかたわら、「人生の幸福」について深く探求し、自己実現の具体的な方法を説く。主な編訳書に＊『時間を忘れるほど面白い雑学の本』＊『頭にやさしい雑学読本』＊『頭にやさしい雑学の本』＊『自助論』＊『父から若き息子へ贈る「実りある人生の鍵」45章』＊『向上心』『渋沢栄一「論語」の読み方』『自分をもっと深く掘れ！』（以上、三笠書房刊、＊印《知的生きかた文庫》）など多数。

知的生きかた文庫

もっと「話《はなし》が面白《おもしろ》い人《ひと》」になれる雑学《ざつがく》の本《ほん》

編　者　竹内《たけうち》　均《ひとし》
発行者　押鐘太陽
発行所　株式会社三笠書房
〒一〇二-〇〇七二　東京都千代田区飯田橋三-三-一
電話〇三-五二二六-五七三四〈営業部〉
　　〇三-五二二六-五七三一〈編集部〉
http://www.mikasashobo.co.jp
印刷　誠宏印刷
製本　若林製本工場

ISBN978-4-8379-8116-9 C0136

知的生きかた文庫

視界が広がる233の「驚き」 頭にやさしい雑学読本

竹内 均【編】

「そもそも、空はどうして青いの？」――知っているようで知らない意外な雑学が盛りだくさん！ あなたの知的興奮のボルテージを高めてくれる1冊！

頭にやさしい雑学の本

竹内 均【編】

「なぜ、緊張するとトイレが近くなる？」――言われてみると、たしかに気になる世の中の疑問に、ズバリ答える！ 「好奇心が大満足する」発見が満載の本！

時間を忘れるほど面白い雑学の本

竹内 均【編】

1分間で頭と心に「知的な刺激」！ 普段よく使う言葉や、何気なく見ているものの裏にこんな面白い話が！ 毎日がもっと楽しくなるネタを厳選しました。

地図で読む世界の歴史

「歴史ミステリー」倶楽部

世界を動かした事件も、有名な戦争も、地図で「意外な一面」が見えてくる。言語発生の謎、ペルシア帝国の盛衰、第二次世界大戦…スッキリわかる世界史の全貌。

地図で読む日本の歴史

「歴史ミステリー」倶楽部

こんな「新しい視点」があったのか！ 市街地図、屋敷見取り図、陣形図……あらゆる地図を軸に、日本史の「重大事件」に迫る！ 歴史の流れがすぐわかる！

C50169